El impactante libro de Cindy Trimm, *D[eclara bendición sobre tu día]*, comunica principios clave para [...] pensamientos, palabras y actos para caminar con el mayor éxito en la vida auténtica y única que Dios ha diseñado para ti. Es un enfoque fascinante y práctico para conquistar las actitudes y los patrones de conducta que pueden evitar que obtengas las deseadas bendiciones y resultados de Dios para tu vida. ¡Querrás volver a leerlo una y otra vez!

—PAULA WHITE, PASTORA PRINCIPAL DE LA
IGLESIA WITHOUT WALLS INTERNATIONAL

En su libro, *Declara bendición sobre tu día*, Cindy Trimm ha desvelado y desatado meticulosamente la revelación más increíble sobre cómo liberar el poder para vencer que se encuentra en la visión del reino, y ha proporcionado una percepción de la oración y la intercesión poderosas y eficaces. Su enfoque fresco, innovador y magistral de cualquier tema dado, pero especialmente este, te dejará con una expectación abrumadora y emocionante. Cindy nos enseña cómo decretar y declarar específicamente una cosa y literalmente ordenarle a nuestro día. Ella no ha dejado piedra sin remover, ni restricciones, ni lugar para preguntarse cómo o por qué. Este es el libro que pondrás al lado de tu Biblia. Enriquecerá tu vida, día tras día bendecidos. Desde que leí este libro, he experimentado un cambio de paradigma en mi vida en el modo en que pienso, hablo, vivo, oro y creo. Tengo confianza en que también causará un gran impacto en tu vida.

—JUDY JACOBS,
FUNDADORA DE HIS SONG MINISTRIES
Y PRESENTADORA DE *JUDY JACOBS NOW!*

Cindy Trimm en su libro, *Declara bendición sobre tu día*, bosqueja claramente principios bíblicos por los cuales gobernar tu vida. *Declara bendición sobre tu día* te da claves para caminar en un poder vencedor en un momento como este. Este libro ha nacido de la vida de su autora, Cindy Trimm. Ella no es una agente de viajes que te habla sobre un hermoso lugar donde ella nunca ha estado, sino que es una guía turística que te habla de donde ella misma ha estado.

Cindy Trimm es alguien que es parte de ese remanente que ha entregado por completo su vida por la edificación y el establecimiento del Reino de Dios. Tiene una profunda compasión por la gente, una profunda pasión por el Señor, y una profunda convicción por la verdad. Cindy Trimm, con frescura profética y una intensa percepción bíblica, te llevará a un viaje en *Declara bendición sobre tu día* que cambiará tu vida. Es lectura obligada para todo líder y creyente en este tiempo.

—LES BOWLING, PRESIDENTE Y FUNDADOR,
IGLESIA EAGLE ROCK E EAGLE ROCK
COVENANT NETWORK

Al ser escritor, leo muchos libros para obtener perspectiva y enseñanza sobre lo que yo intento comunicar. En ocasiones encuentro un libro que me hace decirme a mí mismo: "Esto captura mi corazón. Nunca he leído ni yo podría haber comunicado este principio tan bien. ¡Esto es una joya en mis manos!".

¡Declara bendición sobre tu día de Cindy Trimm es uno de esos libros! El mensaje de mi vida es la restauración mediante la meditación. *Declara bendición sobre tu día* disciplina, transforma y desata tu mente mientras lees. ¡Este es un libro de acción! Descubrirás que se forman pensamientos del Señor y que tus procesos de pensamiento se realinean. ¡Entonces experimentarás que tu boca se llena de decretos que determinarán tu futuro éxito en la vida! Si yo pudiera escoger un libro que acompañase el Libro de Él, ¡ese libro sería *Declara bendición sobre tu día*!

—CHUCK PIERCE, PRESIDENTE,
GLORY OF ZION INTERNATIONAL MINISTRIES

DECLARA

Bendición

SOBRE TU DÍA

CINDY TRIMM

CASA
CREACIÓN
Para vivir la Palabra

Para vivir la Palabra

MANTENGAN LOS OJOS ABIERTOS,
AFÉRRENSE A SUS CONVICCIONES,
ENTRÉGUENSE POR COMPLETO,
PERMANEZCAN FIRMES,
Y AMEN TODO EL TIEMPO.
—1 Corintios 16:13-14 (Biblia El Mensaje)

Declara bendición sobre tu día por Cindy Trimm
Publicado por Casa Creación
Miami, Florida
www.casacreacion.com
©2010, 2020 Derechos reservados

Library of Congress Control Number: 2010924472
ISBN: 978-1-61638-092-2
ebooks: 978-1-61638-106-6

Desarrollo editorial: *Grupo Nivel Uno, Inc.*
Diseño interior: *Grupo Nivel Uno, Inc.*

Publicado originalmente en inglés bajo el título:
    Commanding Your Morning;
    por Charisma House, A Charisma Media Company,
    Lake Mary, FL 32746 USA.
    Copyright © 2007 Cindy Trimm

Nota de la editorial: Aunque el autor hizo todo lo posible por proveer teléfonos y páginas de Internet correctas al momento de la publicación de este libro, ni la editorial ni el autor se responsabilizan por errores o cambios que puedan surgir luego de haberse publicado.

Impreso en Colombia

24 25 26 27 28 LBS 9 8 7 6 5 4 3 2

ESTE LIBRO ESTÁ DEDICADO A MI FAMILIA:

Mi madre, Edna Trimm, cuyo amor incondicional, guía e instrucción han sido el viento que ha empujado mis alas.

Y a mis hermanos Charlene, Marilyn, Winston, Deborah y Freda, cuya pasión por la vida y su inquebrantable apoyo les han otorgado lugares principales en mi constelación relacional. ¿Sabían que ustedes son mis héroes y heroínas? No podría pensar en ninguna otra familia más estupenda que la mía a la que Dios me haya honrado con ser parte.

RECONOCIMIENTOS

La inspiración divina transforma las buenas obras en obras maestras. Reconozco que sólo Dios tiene la gloria por esta obra divinamente inspirada. A mi personal tanto en el pasado como en el presente: ustedes, que a lo largo de los años se inclinaron en servicio y sacrificio para que yo pudiera pensar, desarrollar y crear. Nunca podría hablar de éxito y no reconocer que todos los grandes hombres y mujeres son grandes debido a la grandeza de aquellos que les sirven. Les estoy para siempre agradecida, y siempre los llevaré muy cerca en mi corazón y los elevaré en mis oraciones. También doy las gracias a quienes forman un equipo valioso e inspiracional en Charisma Media. Que Dios les dé favor siempre. También a Embassy Center of Empowerment: ustedes significan muchísimo para mí.

ÍNDICE

PREFACIO

*N*O HAY ACTIVIDAD EN LA TIERRA MÁS COMÚN QUE la oración. Todas las culturas lo hacen. Todas las razas lo hacen. Todas las religiones lo hacen. Sin embargo, no hay un área más frustrante, confusa y recelosa de la experiencia humana que la oración. Hay más preguntas en torno a esta actividad religiosa que en ninguna otra en cada generación. ¿Funciona realmente? ¿Responde Dios a la oración? ¿Marca alguna diferencia la oración? ¿Puede la oración afectar a las circunstancias? ¿Por qué parece que algunas oraciones son respondidas y otras no? ¿Por qué deberíamos orar? Las preguntas siguen y siguen.

Mi propia experiencia personal estaba plagada de tales preguntas, y proporcionaban una causa adecuada para la duda y la desconfianza con respecto al tema de la oración. A lo largo de los años, mis estudios y mi investigación me llevaron a explorar a muchos de los grandes escritores sobre el tema y en la actualidad me agrada testificar que mi experiencia en la oración ha sido de diaria mejora y éxito.

Cuando me pidieron que reseñara esta obra de Cindy Trimm, me emocioné, sabiendo que su compromiso con la excelencia en todo lo que ella afronta aportaría una destacada contribución a este tema de la oración y la intercesión. No quedé defraudado.

Declara bendición sobre tu día está destinado a ser un clásico, ya que simplifica pero no diluye la importancia de esta actividad espiritual humana tan crítica. Cindy, con su diestro manejo del lenguaje, pasa por alto la complicada jerga teológica y comunica principios que hacen que el ejercicio diario de la oración sea aprovechado y atractivo. Desafío a quienes están defraudados con sus vidas de oración, al erudito que se atreve a pensar por encima de lo conocido, y al estudiante de la Escritura que desea conocer más sobre las oraciones como fuerza dominante en la aplicación terrenal del reino celestial, a que lean este libro.

Declara bendición sobre tu día desata el poder para vencer en los corazones de aquellos que leen, reciben y aplican estas enseñanzas a sus vidas cotidianas. Creo firmemente que los preceptos que hay en este libro mejorarán tu encuentro con el reino en el área de la oración y la intercesión estratégica. El revolucionario enfoque de la oración que se encuentra en este libro reforzará y aceptará reveladoras verdades más profundas sobre este tema. Con esta confianza, te desafío a ti, lector, a extraer de cada página la mina de sabiduría enterrada en cada frase y a experimentar tu capacidad de declarar bendición sobre tu día.

La Palabra de Dios revelada mediante estas páginas tiene la capacidad de realinear aquello que está desalineado, incluyendo actitudes, creencias, ideologías, tradiciones, y doctrinas de engaño que se exaltan a sí mismas por encima de la voluntad de Dios en las vidas de su pueblo. *Declara bendición sobre tu día* instruye al creyente en cómo derribar esas fortalezas y llevarlas a la cautividad bajo el señorío de Cristo.

Recomiendo encarecidamente a Cindy Trimm por esta vital contribución al mundo de la fe y espero que millones de personas se beneficien de estas verdades eternas probadas por el tiempo.

—Dr. Myles Munroe,
presidente de la BFM/ITWLA International
Nassau, Bahamas

INTRODUCCIÓN

Puedo crecer sólo tan alto como me estire, puedo ir sólo tan lejos como busque, puedo ver sólo tan profundo como mire, puedo ser sólo tanto como sueñe.[1]

—Karen Ravn

¿HAS TENIDO ALGUNA VEZ EL PERSISTENTE SENTIMIENTO en tu interior de que no estabas sacando todo lo que habías de sacar de la vida, un sentimiento de que la vida estaba llena de posibilidades, pero de alguna manera nunca podías saber cómo alcanzarlas? ¿Has mirado alguna vez la vida de otra persona, su matrimonio, su posición económica o su carrera y te has preguntado: "¿Qué pasa conmigo?". Bien, no estás solo.

Muchas personas han llegado a creer que la vida es un misterio que no puede ser resuelto. Creen que el éxito y la prosperidad están destinados para todos los demás excepto ellos, y se sienten impotentes y castigados a medida que los acontecimientos de sus vidas se descontrolan en una espiral descendente. Ellos harían algo al respecto si supieran qué hacer, pero lo cierto es que han intentado hacer todo lo que saben y cada vez terminan vacíos. Lo que necesitan es un nuevo conjunto de claves para destapar todo lo que Dios tiene para ellos en sus vidas. Este libro trata de las claves que te ayudarán a escapar de esas "cárceles de la mente".

Hay también otros que puede que experimenten breves periodos de éxito, pero después otros periodos desesperadamente largos de pruebas, tribulación, reveses y carencias. Sus vidas están gobernadas por máximas que minan el éxito, como: "Las cosas pasan"; "La vida es impredecible"; "Todas las cosas buenas deben llegar a su fin"; "Si no es una cosa, es otra" y "Esto es todo lo bueno que hay". Esas personas son ignorantes del hecho de que son víctimas de sus propias profecías, que por su naturaleza contribuyen a cumplirse.

Lo que ninguno de esos grupos entiende es que definimos nuestras vidas por cada uno de nuestros pensamientos y nuestras palabras. Si queremos que nuestras vidas cambien, todo comienza con lo que pensamos y decimos.

Precisamente por eso Proverbios 23:7 (Reina-Valera 60) nos dice: "Porque cual es su pensamiento en su corazón [de un hombre o una mujer], tal es él".

Debes entender que la Palabra de Dios tiene el poder de realinear cualquier cosa que esté desalineada, especialmente erróneas actitudes, creencias, ideologías, tradiciones, y doctrinas de engaño que se exaltan a sí mismas por encima de la voluntad de Dios para tu vida. La vida no tiene por qué ser un misterio para ti. No tienes que seguir avanzando a tientas sin sentido en la oscuridad buscando el camino correcto en la vida. Dios ya tiene planeado tu éxito, prosperidad y realización; sólo tienes que seguir sus indicaciones para encontrarlos. Como dicen las Escrituras:

> Porque yo sé muy bien los planes que tengo para ustedes —afirma el Señor—, planes de bienestar y no de calamidad, a fin de darles un futuro y una esperanza.
>
> —JEREMÍAS 29:11

Tú puedes tomar el control de tu vida y experimentar éxito y prosperidad divina siguiendo las instrucciones de

Dios bosquejadas en su Palabra. Él tiene un plan maravilloso para ti. Su plan para tu mundo personal depende
de que tú lo cumplas tomando, en primer lugar, control
de tu mente y de tu boca. Aprende a llenar tus pensamientos y tus palabras de luz y de verdad.

La Biblia nos dice concretamente que podemos residir
en el mejor de dos mundos posibles: una esfera espiritual caracterizada por felicidad, vida con poder, éxito y
prosperidad. Por medio de una relación con Dios somos
milagrosamente trasladados al reino de la luz: una esfera
que abre puertas ilimitadas de oportunidad, capacitán-
donos para descubrir nuestro propósito divino, maximizar nuestro mejor potencial y experimentar una gran
abundancia. Luz no es sólo ausencia de oscuridad, sino
también la presencia de Dios que rompe yugos, la libera-
dora esencia de verdad, y el transformador potencial que
hay dentro de nosotros y entre nosotros. Todas las cosas
buenas tienen su comienzo en Él y sin Él no existe nada
bueno.

Cada nuevo día con Dios trae el amanecer de nuevas
y mejores posibilidades. Hoy podría resultar ser el mejor
día de tu vida, pero cómo termine depende en gran parte de cómo lo comiences. Tú estás a cargo de tomar el
control de tu día desde su comienzo —algo que yo llamo
"ordenarle a tu mañana"— y, a medida que lo haces,
sabes que todo lo que comienza con Dios tiene que terminar bien. Mi oración por ti es que, a medida que leas
las páginas siguientes, Dios te revele el poder que hay en
tu interior. Que tu esperanza de gloria se vuelva más real
a medida que aprendas a declarar bendición sobre tu día
mediante la sabiduría de la verdad de Él cada mañana.

Sin importar lo buena o mala que sea tu vida, cada
circunstancia puede cambiar para bien si aprendes a
declarar bendición antes que comience tu día.

Capítulo Uno

EL SECRETO AL DESCUBIERTO

> Las obras del corazón humano son el misterio más profundo del universo. En un momento nos hacen perder la esperanza de nuestra especie, y al siguiente vemos en ellas el reflejo de la imagen divina.[1]
>
> —Charles W. Chesnutt

UNA DE LAS FORMAS DE ARTE DE MÁS RÁPIDO crecimiento en la actualidad se denomina "la palabra hablada". Multitudes de personas se reúnen en clubes, escuelas, cafés, auditorios de iglesias, estadios y teatros sólo para oír la poética y vibrante rima pronunciadas por artistas que, en virtud de su creatividad y talento, llevan a sus audiencias hasta altos y bajos emocionales meramente por lo que sale de sus bocas. Como pintores que crean conmovedoras obras de arte en vibrantes colores, estos artistas "pintan" sobre el lienzo del alma humana.

Hace una eternidad, sin fanfarria ni audiencia, el poderoso Creador del universo habló. Su declaración constituiría las primeras palabras registradas: "Que exista..." (ver Génesis 1). Dios, pensó, habló, y el universo existió.

El verdadero poder de la palabra hablada está por encima de nuestro entendimiento. Es un misterio espiritual, un secreto oculto que ahora está siendo revelado para equipar al pueblo de Dios para una era sin precedente de capacidad y de influencia. Ha llegado el momento de que los creyentes se levanten y caminen en el conocimiento y la autoridad que Dios ha proporcionado y ha mandado por medio de su Palabra, la Palabra que Él habló en nosotros y quiso que nosotros pronunciásemos. Aunque fortalezas a nuestro alrededor amenazan nuestra paz y estabilidad, nada puede prevalecer contra la Palabra de Dios hablada.

EL GRAN PODER DE LAS PEQUEÑAS COSAS

Todo en el universo comienza y gira en torno a dos cosas: *palabras* y *pensamientos*. Estos dos elementos forman la sustancia creativa que moldea y da forma al destino de la humanidad. Cada uno de nosotros se convierte en la persona que es, escoge la dirección que toma y logra todo lo que hace basándose en estos dos elementos primordiales.

Nuestros pensamientos, intenciones, motivaciones y aspiraciones—ya sean consideradas secretamente en el corazón, declaradas abiertamente como deseos, o escritas formalmente como objetivos—moldean y dan forma a nuestro universo personal y lo convierten en algo que es, o bien grandioso y hermoso, o vil y repugnante. Cualquier cosa que albergues en los rincones más recónditos de tus pensamientos, tarde o temprano se revelará en el área externa mediante tus palabras o actos. Cualquier cosa que esté oculta al final saldrá a la luz. Leemos en 1 Corintios 4:5 que Dios "sacará a la luz lo que está oculto en la oscuridad y pondrá al descubierto las intenciones de cada corazón". Al igual que una semilla durante un tiempo está oculta bajo tierra, finalmente atravesará la superficie y su verdadera esencia será revelada.

Tal como ocurre en cada semilla, hay poder dador de vida que reside en cada palabra hablada. Este principio ilustra cómo funciona la ley espiritual de la incubación y la manifestación. Todo lo que uno ve en lo natural comenzó como una semilla espiritual, es decir, como un pensamiento.

La esfera temporal tiene sus raíces en la espiritual. Agarrar esta profunda verdad espiritual te capacitará para establecer relaciones críticas que pueden transformar tu vida. Una vez que entiendas que la esfera espiritual es la "esfera causal", comenzarás a entender el inmenso poder de tus pensamientos, ideas, palabras y oraciones: cosas espirituales que organizan, moldean y forman el estado actual y futuro de tu existencia temporal.

Todo en el universo comienza y gira en torno a dos cosas: *palabras* y *pensamientos*.

Se nos dice en 2 Pedro 1:3-4 que Dios, en su infinita sabiduría, ya nos ha dado todas las cosas pertenecientes a la vida para que pudiéramos ser participantes de su naturaleza divina. Incluidos en este equipamiento celestial están los pensamientos divinos y las palabras inspiradas. Como ser espiritual creado a imagen de Dios (Génesis 1:26), tus genes espirituales contienen el poder creativo para dar forma a tu mundo personal mediante los pensamientos y las palabras que piensas y pronuncias, que son herramientas divinas dadas para tu uso creativo. Todo lo que eres, experimentas, y finalmente logras, puede rastrearse hasta cómo has hecho uso de estas dos sencillas y a la vez inmensamente poderosas herramientas: tus palabras y pensamientos.

UNO DE LOS MISTERIOS MÁS GRANDES DE LA VIDA

El poder de la palabra hablada es uno de los más grandes misterios de la vida. Todo lo que lograrás depende de cómo escoges gobernar lo que sale de tu boca. Mediante lo que permites que ocupe tu mente y tu boca puedes, o bien bendecir tu vida hasta grandes alturas de éxito, o enviarla a orbitar en esferas de fracaso, tristeza y descontento. Por eso Proverbios nos dice: "Porque cual es su pensamiento en su corazón, tal es él" (Proverbios 23:7, RV60), y nos insta: "Por sobre todas las cosas cuida tu corazón, porque de él mana la vida" (Proverbios 4:23). Jesús siguió el ejemplo declarando: "De la abundancia del corazón habla la boca. El que es bueno, de la bondad que atesora en el corazón saca el bien, pero el que es malo, de su maldad saca el mal" (Mateo 12:34-35).

Lo que ocupa tu mente determina lo que finalmente llena tu boca; tu mundo exterior muestra todo lo que ha dominado —y a veces subyugado— tu mundo interior. Debido a que la ley de causa y efecto está continuamente en funcionamiento, hay siempre una causa interior de cada efecto exterior. Tu mundo exterior es un resultado directo de tu mundo interior. Cada circunstancia en la vida es un resultado de una elección y cada elección es el resultado de un pensamiento. Todas las cosas que llenan tu mente tienen las claves de tu realidad. Tus pensamientos proporcionan el combustible para tus palabras y tus palabras proporcionan el combustible para tu mundo.

Todo lo que eres, experimentas y finalmente logras, puede rastrearse hasta cómo has hecho uso de estas dos sencillas y a la vez inmensamente poderosas herramientas: tus palabras y tus pensamientos.

Es, por tanto, imperativo que entiendas la naturaleza de lo que estás diciendo. ¿Eres consciente del verdadero significado de las cosas que estás hablando? Haríamos bien en prestar atención al consejo de un antiguo filósofo estoico llamado Epicteto, quien dijo en una ocasión: "Primero aprende el significado de lo que dices y después habla".

Oseas, el sabio profeta de antaño, observó: "Sembraron vientos y cosecharán tempestades" (Oseas 8:7). En otras palabras, cada uno de nosotros debe aceptar la responsabilidad de lo que experimenta en la vida. Somos la suma total de cada elección que hemos hecho o que hemos dejado que ocurra. Si no te gusta lo que eres, estás sólo a un pensamiento de distancia de dirigirte hacia la vida que deseas.

Si esto ha de suceder, es de suma importancia que te conviertas en el amo de tus pensamientos. Examina tus pensamientos. Filtra y desecha cualquier cosa que no quieras que aparezca en tu futuro, y enfócate en lo que verdaderamente deseas. Dios formó tus pensamientos para que tuvieran poder a fin de que estuvieras equipado para vencer todo obstáculo. Él te formó para crear, innovar, ser estratega y tener éxito; y sólo para asegurarse, Él puso sus propios pensamientos y naturaleza divina en tu interior. Como Dios dice en Jeremías 31:33: "Pondré mi ley en su mente, y la escribiré en su corazón".

Conecta tu corazón a la fuente de poder definitiva.

¿CUÁL ES TU FRECUENCIA?

La ley de causa y efecto también funciona con la ley de la atracción. En términos sencillos, esto significa que "lo semejante atrae lo semejante". Si los pensamientos son cosas y las cosas están formadas por sustancia, entonces lo

> **Es de suma importancia que te conviertas en el amo de tus pensamientos.**

material manifestado en nuestra vida es atraído a nosotros por nuestros pensamientos espirituales. En otras palabras, las experiencias inspiradas son causadas por pensamientos inspirados.

Conozco a una mujer que está brillantemente dotada. A lo largo de los años, he observado las estupendas personas que han llegado a su vida y las grandes cosas que le han sucedido, una y otra vez. Pero sin ninguna razón obvia, cada éxito duró solamente un breve periodo antes de terminar pésimamente. Fue todo un desafío convencerla de que el problema no estaba en otras personas o en circunstancias externas. Después de meses de persistente consejería, ella me dijo un día con gran emoción que, finalmente, buenas personas y circunstancias habían llegado para quedarse. El secreto era sencillo. Ella cambió el espíritu de sus pensamientos y sus palabras. Mientras ella alineó sus pensamientos y su conversación con creencias dudosas y negativas, eso es exactamente lo que experimentó, pero una vez que se alineó con creencias esperanzadas y optimistas, su mundo cambió en consecuencia.

Tus pensamientos y palabras se transmiten como una señal de radio de onda corta. Envían mensajes en una frecuencia concreta, son retransmitidos a ti y manifestados en forma de una experiencia o suceso en tu vida. Tus pensamientos crean algo similar a un campo magnético a tu alrededor, mientras que tus palabras proporcionan cierto tipo de dispositivo buscador que atrae, o bien a personas, cosas y experiencias positivas, o a personas, cosas y experiencias negativas.

Por tanto, debes aprender a llenar tu mente de pensamientos buenos, piadosos y estupendos. Como se nos dice en Filipenses 4:8 (RV60): "Todo lo que es verdadero, todo lo honesto, todo lo justo, todo lo puro, todo lo amable, todo lo que es de buen nombre; si hay virtud alguna, si algo digno de alabanza, en esto pensad". Lo que piensas tiene el poder de transformar literalmente tu vida.

Es esencial que te vuelvas extremadamente vigilante en cuanto a lo que entra en tu mente cada día. Lo que oyes afecta tu modo de pensar y lo que crees. El profeta Isaías tenía una perspectiva sobre lo importante que es prestar atención a lo que uno dice, oye y ve cuando declaró:

> Sólo el que procede con justicia y habla con rectitud... el que no presta oído a las conjuras de asesinato y cierra los ojos para no contemplar el mal. Ese tal morará en las alturas; tendrá como refugio una fortaleza de rocas, se le proveerá de pan, y no le faltará el agua.
>
> —Isaías 33:15-16

Si quieres tener pensamientos edificantes —pensamientos de éxito y prosperidad—, entonces llena tus oídos de palabras que producirán esas cosas en tu vida. Finalmente, si oyes algo lo suficiente, con el paso del tiempo formará una creencia y esa creencia producirá un acto correspondiente. Es este escuchar —y escuchar otra vez— lo que forma el impulso de la fe. Como dijo el apóstol Pablo: "Así que la fe viene como resultado de oír el mensaje, y el mensaje que se oye es la palabra de Cristo" (Romanos 10:17). En otras palabras, viene de "oír y oír". Asegúrate de que estás arraigando tus creencias y basando tu fe en la "vida abundante" de Dios —no en alguna falsificación, sino en la abundancia de su reino— llenando tu corazón y tu mente de la verdad bíblica que da vida.

Jesucristo, practicante del Reino, conocía el poder de la verdad combinada con el principio de la fe. Él sabía que la fe venía por el oír; por tanto, pasaba horas enseñando a sus discípulos y dialogando con ellos. Enseñaba a sus alumnos principios del éxito derivados de leyes espirituales a fin de edificar su fe en la capacidad que tenían de marcar una diferencia en el mundo. Él comenzó la ardua tarea de transformar las actitudes de doce marginados y pescadores. Les habló muchas verdades espirituales a fin de estirar los paradigmas espirituales de éxito y prosperidad que ellos tenían por encima de la esfera temporal y tridimensional. Él sabía que sería necesaria una constante exposición a la Luz para que la luz finalmente se encendiera en ellos.

QUE EXISTA LA LUZ

A veces, cuando conceptos te resulten difíciles de entender o comprender, simplemente necesitas decir: "¡Que exista la luz!". Lo primero registrado que Dios dijo fue: "Que exista la luz". La luz ilumina. Lo que de verdad quieres es que tu espíritu y tu mente sean iluminados; quieres obtener perspectiva y sabiduría. Cuando sientas como si estuvieras vagando en la oscuridad y no puedas descifrar qué hacer, detente y ordena: "¡Que exista la luz!".

Una ministro amiga mía estaba teniendo dificultades para pagar las facturas de su ministerio; se había convertido en una tarea casi insuperable. Cuando se pagaba una factura, quedaban varias otras sin pagar. Las facturas seguían llegando sin suficientes ingresos para cubrirlas, hasta que un día ella comenzó a pronunciar tres sencillas palabras: "Que exista la luz".

Dejó de enfocarse en su dificultad y comenzó a enfocarse en la respuesta: la luz de Dios. Dejó que la luz de la bondad de Él llenase su mente y, siguiendo el ejemplo de su Padre celestial, ordenó que la luz se hiciera manifiesta por las palabras de su boca. La respuesta siempre había estado ahí, pero había permanecido oculta de su mente consciente porque su enfoque en el problema prohibía que ella viese la solución. De cierta manera, cuando ella finalmente vio la luz, hubo luz. Dios reveló formas innovadoras para que ella no sólo pagase las facturas sino también prosperase. Ahora ella tiene un ministerio próspero y un negocio de un millón de dólares.

Tres sencillas palabras abrieron su espíritu a recibir sabiduría divina de Dios. Esas tres sencillas palabras también pueden ayudarte. No dudes de pronunciarlas en fe: "¡Que exista la luz!". Pronuncia estas palabras en situaciones de perplejidad y observa a Dios obrar. Recuerda: "Toda buena dádiva y todo don perfecto desciende de lo alto, del Padre de las luces, en el cual no hay mudanza, ni sombra de variación" (Santiago 1:17, RV60). Dios quiere que tú tengas lo que es bueno y perfecto. ¿Has entendido eso? No sólo tienes que tener una buena salud, puedes tener una salud perfecta. No tienes que conformarte con un buen empleo, puedes tener un empleo perfecto, o mejor aún, el negocio perfecto que no sólo pague las facturas sino que también te deje lo suficiente para ser una bendición tremenda para otros. No tienes que conformarte con un buen matrimonio, puedes tener el matrimonio perfecto. No tienes que conformarte con una buena vida, puedes tener una vida perfecta. Así que, adelante, grita desde las azoteas: "¡Que exista la luz!". Te sorprenderá gratamente que quizá lo que has estado buscando está justamente delante de tus ojos. Fue sencillamente iluminación a la espera.

Jesús quería que la luz llegase para sus discípulos. Para enseñar principios espirituales complejos Él utilizaba historias sencillas basadas en temas comunes. Jesús entretejía verdades espirituales revolucionarias en el tejido de cada parábola. Después de una famosa alegoría refiriéndose a cómo se siembra semilla en varios terrenos, sus discípulos le preguntaron: "¿Por qué hablas a la gente en parábolas?". Él respondió:

> A ustedes se les ha concedido conocer los secretos del reino de los cielos; pero a ellos no. Al que tiene, se le dará más, y tendrá en abundancia. Al que no tiene, hasta lo poco que tiene se le quitará. Por eso les hablo a ellos en parábolas.
>
> —MATEO 13:10-13

¿Lo has entendido? Mientras la información siga siendo un secreto, escondida en oscuridad, nadie puede prosperar por ella, sin importar lo poderoso que sea el secreto o lo grande que sea la persona. Pero la persona a quien se le da a conocer, sin importar quién sea, tendrá acceso a la abundancia; a quien no le es revelada, aun lo que esa persona tiene le será quitado.

Este es un pasaje poderoso de la Escritura. Jesús no sólo relata una potente parábola, sino que también, entre su relato inicial en los versículos 1—9 y la explicación de su significado en los versículos 18—23, Jesús toma un momento para aclarar por qué utiliza parábolas para enseñar en primer lugar. El fundamento que Él ofrece para su método es tan iluminador como la parábola misma:

> Aunque miran, no ven; aunque oyen, no escuchan ni entienden. En ellos se cumple la profecía de Isaías: "Por mucho que oigan, no entenderán; por mucho que vean, no percibirán. Porque el corazón de este pueblo se ha vuelto insensible; se les han

embotado los oídos, y se les han cerrado los ojos.
De lo contrario, verían con los ojos, oirían con
los oídos, entenderían con el corazón y se conver-
tirían, y yo los sanaría". Pero dichosos los ojos
de ustedes porque ven, y sus oídos porque oyen.
Porque les aseguro que muchos profetas y otros
justos anhelaron ver lo que ustedes ven, pero no
lo vieron; y oír lo que ustedes oyen, pero no lo
oyeron.

—MATEO 13:13-17

La importancia y el poder del entendimiento no son
sólo las razones para su método de enseñanza, sino que
también son precisamente el punto de la lección misma.
En lo esencial de todo ello está el divino poder de revelación: verdaderamente ver, o entender, la verdad espiritual.
Cuando los hombres "vean la luz", llegarán al conocimiento de la verdad y experimentarán vida abundante.
Juan lo expresó de este modo: "En él estaba la vida, y la
vida era la luz de la humanidad. Esta luz resplandece en
las tinieblas, y las tinieblas no han podido extinguirla"
(Juan 1:4-5). Juan se refirió a Jesús como: "Esa luz verdadera, la que alumbra a todo ser humano" (v. 9). Es Jesús
quien no sólo nos da luz sino también la capacidad de
"ver la luz". En su carta a los Corintios, Pablo escribió:
"Porque Dios, que ordenó que la luz resplandeciera en
las tinieblas, hizo brillar su luz en nuestro corazón para
que conociéramos la gloria de Dios que resplandece en el
rostro de Cristo" (2 Corintios 4:6).

En la parábola sobre la semilla (verdad o luz) y el
terreno (nuestros corazones), Jesús habló de tal manera
para revelar el secreto del éxito y la prosperidad. Él habla
sobre entender, sobre "poseer luz". Veamos cómo explica
Él el significado más adelante en el capítulo:

> Escuchen lo que significa la parábola del sembrador: Cuando alguien oye la palabra acerca del reino y no la entiende, viene el maligno y arrebata lo que se sembró en su corazón... Pero el que recibió la semilla que cayó en buen terreno es el que oye la palabra y la entiende. Éste sí produce una cosecha al treinta, al sesenta y hasta al ciento por uno.
>
> —MATEO 13:18-19, 23

Jesús está hablando de nuestra capacidad de entender; está abordando el tema del estado de la mente de un hombre. De nuestra mente producimos una cosecha según lo que hayamos sembrado en entendimiento, según lo que hayamos entendido. David clamó: "Al que con inteligencia hizo los cielos" (Salmo 136:5) y "Dame entendimiento para poder vivir" (Salmo 119:144). En Proverbios leemos: "La discreción te cuidará" (Proverbios 2:11) y "Dichoso... el que obtiene inteligencia" (Proverbios 3:13).

Por encima de todo lo demás, busca entendimiento. "Dispónganse para actuar con inteligencia" (1 Pedro 1:13) buscando conocimiento, sabiduría y verdad; y de esa abundancia tu boca hablará palabras que moldearán tu mundo. Haz un hábito del examinar lo que buscan tus pensamientos y lo que tus palabras están recogiendo. Recuerda: el mundo interior no sólo da color al mundo exterior, sino que también es su huella. Sé deliberado en lo que oyes, en cómo piensas, y en lo que hablas; porque estás preparando el escenario para la realidad de tu experiencia.

> Caminen mientras tienen la luz, antes de que los envuelvan las tinieblas. El que camina en las

tinieblas no sabe a dónde va. Mientras tienen la luz, crean en ella, para que sean hijos de la luz.

—JUAN 12:35-36

DESVELAR EL MISTERIO

A todo el mundo le gusta saber un secreto. Una de las peores cosas es sentirse fuera cuando se trata de estar "al corriente"; es como si todos estuvieran al tanto de algo vitalmente importante excepto tú. Pero peor que eso es el sentimiento de que hay cosas importantes que todos deberían saber, pero sólo unos pocos saben. La Biblia denomina *misterios* a ese tipo de secretos. Para la mayoría de las personas, la vida es exactamente eso: un misterio. Pero Jesús vino a ayudarnos a resolver nuestros misterios. Él vino a darnos conocimiento de la verdad.

La clave de la victoria en Cristo —y en esta vida— es el conocimiento y la sabiduría que desvelan los misterios de la vida. Por eso Dios quiere que busques sabiduría y entendimiento sobre todo lo demás.

> Adquiere sabiduría, adquiere inteligencia; no olvides mis palabras ni te apartes de ellas…
> La sabiduría es lo primero. ¡Adquiere sabiduría!
> Por sobre todas las cosas, adquiere discernimiento.
>
> —PROVERBIOS 4:5, 7

Busca saber y entender cómo y por qué Dios te ha creado. ¡Este es un secreto que puedes saber! Hay poder para vencer en saber que el deseo de Dios para ti es que tengas éxito y prosperes, al igual que en saber cómo te ha diseñado Él para crear éxito y abundancia en toda esfera que influencies.

Cuando digo "abundancia", no estoy hablando de materialismo ni de consumismo. De lo que hablo es del hecho de que la voluntad de Dios para ti es que vivas sin carencias. Desea proporcionarte todo lo que necesites para cumplir exitosamente tu propósito y maximizar tu potencial. Esto, sin duda, incluye cosas materiales, pero más importante aún, significa pensamientos, declaraciones y conversaciones inspiradas por el Espíritu. Además significa relaciones divinamente fijadas, oportunidades de negocio, desafíos, y sobre todo lo demás, dones y capacidades sobrenaturales a medida que reconoces todo lo bueno que hay en ti en Cristo (ver Filemón 6).

Valoro la historia de Dave Thomas, fundador de Wendy's, que fue educado por padres adoptivos. Cuando era niño, Dave siempre se imaginaba ser un día propietario de una hamburguesería, y el 15 de noviembre de 1969 se abrió el primer Wendy's Old Fashioned Hamburgers.[2] Dave Thomas personifica que si puedes verlo primero en tu mente, puedes lograrlo.

> **Hay poder para vencer en saber que el deseo de Dios para ti es que tengas éxito y prosperes, al igual que en saber cómo te ha diseñado Él para crear éxito y abundancia en toda esfera que influencies.**

Por tanto, amigo, el secreto se ha desvelado. Es tu turno de pintar conscientemente el lienzo de tu vida con cualquier cosa que aspires lograr. Llena tu mente de pensamientos majestuosos. Genera emoción y expectación con cada palabra que proceda de tu boca. Te insto a crear una obra maestra de tu vida. ¡Atrévete a imaginar!

Capítulo Dos

OCÚPATE DE TUS ASUNTOS

Nuestra vida es aquello que forman nuestros pensamientos.[1]

—Marco Aurelio

[Un hombre] descubrirá que, a medida que cambia sus pensamientos hacia cosas, y otras personas, cosas y otras personas cambiarán hacia él.[2]

—James Allen

DEBES APRENDER A APROVECHAR EL PODER DE tus pensamientos si has de reinar efectivamente como rey y sacerdote en esta tierra. Debes entender quién eres y para qué fuiste creado. Eres un hijo de Dios y su representante en la tierra. Como tal, Él te ha dado poder, autoridad y dominio para vencer las adversidades y a todos tus adversarios. Se dice en Efesios 6:12 que tu lucha no es contra carne y sangre, sino contra potestades y principados. Esta lucha no puede ganarse con tus propias manos, sino sólo con tu mente y tu boca.

Porque nuestra lucha no es contra seres humanos, sino contra poderes, contra autoridades, contra potestades que dominan este mundo de tinieblas, contra fuerzas espirituales malignas en las regiones celestiales. Por lo tanto, pónganse toda

la armadura de Dios, para que cuando llegue el
día malo puedan resistir hasta el fin con firmeza.

—EFESIOS 6:12-13

Debes llegar a ser tan experto en tus pensamientos y
tu conversación como un espadachín lo es con su espada.
Tomar el control de tus pensamientos te hará que obtengas control sobre tu vida. De eso se trata vestirse de la
armadura de Dios.

POSEER LA TIERRA

Lo primero que debes hacer para tomar posesión de todo
lo que Dios ha preparado para ti es tomar posesión de
tus pensamientos. Como hijos de Dios debemos entender
para lo que fuimos creados, así como la autoridad que
tenemos en Cristo. Puede que no creas que eso requiere
mucho esfuerzo, sin hablar de entrenamiento o práctica,
pero hay sólo una cosa más difícil de dominar que tus
pensamientos, ¡y es tu lengua! (ver Santiago 3:8). Ganar
la batalla en tus pensamientos requiere meditar diariamente en las verdades que se encuentran en la Escritura,
estudiando diligentemente para presentarte a Dios aprobado (ver 2 Timoteo 2:15) y llegando a ser toda la vida
un serio estudiante del arte de la guerra espiritual.

En todo el Nuevo Testamento se nos dice que nuestras
batallas no tienen lugar en la esfera temporal sino en la
esfera espiritual. En casi cada libro del Nuevo Testamento se nos dice: "No tengas miedo; cree nada más" (Marcos 5:36), "ceñid los lomos de vuestro entendimiento" (1
Pedro 1:13, RV60), "sean transformados mediante la renovación de su mente" (Romanos 12:2), y que nos vistamos
de "la mente de Cristo" (1 Corintios 2:16). Se nos enseña en Romanos: "La mentalidad pecaminosa es muerte,

mientras que la mentalidad que proviene del Espíritu es vida y paz" (Romanos 8:6). Se nos enseña que llevemos cautivo todo pensamiento:

> Las armas con que luchamos no son del mundo, sino que tienen el poder divino para derribar fortalezas. Destruimos argumentos y toda altivez que se levanta contra el conocimiento de Dios, y llevamos cautivo todo pensamiento para que se someta a Cristo.
>
> —2 CORINTIOS 10:4-5

Cada batalla se gana o se pierde en el escenario de tu mente.

Una de las historias más desgarradoras del Antiguo Testamento se relata en Números, cuando los israelitas desobedecieron a Dios negándose a tomar posesión de la tierra que Él había preparado para ellos. Debido a que se consideraron a sí mismos pequeños y débiles —creyeron en sus propias mentes que eran como langostas delante de gigantes—, fueron incapaces de cumplir el llamado de Dios. Los gigantes, quienes habían tenido miedo de los hijos de Israel, se vieron a sí mismos, en cambio, con poder debido al temor de los israelitas. "Comparados con ellos, parecíamos langostas, y así nos veían ellos a nosotros" (Números 13:33).

Fue solamente el temor lo que hizo que los israelitas se perdieran la promesa de Dios. En lugar de heredar propiedad, se vieron obligados a vagar sin un hogar hasta que la generación siguiente reunió la suficiente valentía para tomar posesión y entrar en la tierra.

Como hijos de Dios debemos entender pava lo que fuimos creados, así como la autoridad que tenemos en Cristo.

Entre aquellos a quienes se permitió convertirse en propietarios de tierra estaban Josué y Caleb, los dos únicos de la anterior generación a quienes se les dio derecho a tener título de propiedad en la tierra de la promesa. Se registra en Números 13:30 que cuando los israelitas clamaron con temor delante de Moisés, fue Caleb quien habló, diciendo: "Subamos a conquistar esa tierra. Estoy seguro de que podremos hacerlo". Dios honró la fe de Caleb.

¿Pero qué impulsó a Caleb a hablar con tal valentía? ¿Qué había en Josué y en Caleb que los puso aparte? El secreto de su éxito está resumido en el primer capítulo de Josué. Dios dio instrucciones muy concretas a Josué en cuanto a cómo asegurar éxito, prosperidad y victoria sobre todo adversario:

> Recita siempre el libro de la ley y medita en él de día y de noche; cumple con cuidado todo lo que en él está escrito. Así prosperarás y tendrás éxito. Ya te lo he ordenado: ¡Sé fuerte y valiente! ¡No tengas miedo ni te desanimes! Porque el Señor tu Dios te acompañará dondequiera que vayas.
> —JOSUÉ 1:8-9

Dios le dijo a Josué que meditase en su Palabra día y noche para que así llenase su corazón, su mente y su boca. Entonces Él le mandó que fuese fuerte y valiente. ¿Ves la relación? Hasta que su mente y su boca solamente pensasen y hablasen la Palabra de Dios, Josué no podía tener ninguna esperanza de ser fuerte y valiente. Justamente desde el principio. Dios estableció como prioridad abordar el tema de la mente de Josué, ninguna otra instrucción o estrategia tenía prioridad sobre lo que ocupaba los pensamientos de Josué.

TAL COMO EL HOMBRE PIENSA

Tú eres la suma total de tus pensamientos. He aprendido que tal como es el deseo más profundo que te impulsa, así es tu voluntad; tal como es tu voluntad, así son tus obras; tal como son tus obras, así es tu destino. Al igual que era importante para Josué gobernar sus pensamientos según la Palabra del Señor, es importante para ti que medites diariamente en la Palabra de Dios, permitiendo que llene tu mente antes que ninguna otra cosa. Pero tú lo tienes mejor en la actualidad porque Jesús ha venido. Tienes la Palabra hecha carne —el Espíritu de Cristo— residiendo en ti. Te ha sido dado el nombre que es sobre todo nombre como tu autoridad espiritual, y tienes una espada de doble filo, que es la Palabra de Dios, a tu disposición. ¿Ves lo importante que es la Palabra de Dios? Para el que cree, todo es posible (Marcos 9:23), pero sin conocimiento de la Palabra, no tienes las verdades correctas en las cuales creer.

A medida que sigas las instrucciones concretas de Dios y llenes tus pensamientos de las cosas que la Biblia te dice, descubrirás que el mundo comenzará a desplegarse ante ti con un abanico de posibilidades y reflejará aquello en lo que tú escojas enfocarte. Es críticamente importante permanecer consciente de lo que sucede en tu mente. Los pensamientos al azar conducen a logros al azar que rara vez se edifican unos sobre otros. Mira cómo lo expresa Pablo en Filipenses:

> Por último, hermanos, consideren bien todo lo verdadero, todo lo respetable, todo lo justo, todo lo puro, todo lo amable, todo lo digno de admiración, en fin, todo lo que sea excelente o

merezca elogio. Pongan en práctica lo que de mí han aprendido, recibido y oído, y lo que han visto en mí, y el Dios de paz estará con ustedes.

—FILIPENSES 4:8-9

Lee lo que Pablo dice de nuevo en Romanos:

No se amolden al mundo actual, sino sean transformados mediante la renovación de su mente. Así podrán comprobar cuál es la voluntad de Dios, buena, agradable y perfecta.

—ROMANOS 12:2

¿Cómo renuevas tu mente? Mediante el conocimiento de la verdad con respecto a quién eres en Cristo. Si tuvieras que edificar tu vida como una casa de fe, el conocimiento de Dios sería su cimiento, mientras que el conocimiento de quién eres en Cristo sería su estructura. Sabemos por la Biblia dos cosas sobre la fe: (1) es imposible agradar a Dios sin ella (Hebreos 11:6), y (2) en palabras de Jesús: "Se hará con ustedes conforme a su fe" (Mateo 9:29). Si no tomas control de tus pensamientos, te convertirás en un esclavo de tus circunstancias externas. No estarás conduciendo tu vida, las tormentas y el tiempo cambiante lo harán.

No te quedes fuera en la oscuridad como un exiliado distanciado de la buena vida que Dios tiene para ti. Pablo escribió: "A causa de la ignorancia que los domina y por la dureza de su corazón, éstos tienen oscurecido el entendimiento y están alejados de la vida que proviene de Dios" (Efesios 4:18). No estés entre aquellos que perecen por falta de conocimiento (ver Oseas 4:6). Mantente "al día", desvela los secretos de Dios para ti, y entra en la buena vida.

EL ORIGEN DE LA INSPIRACIÓN

Se ha citado al poeta y teólogo del siglo XVIII, Johann Gottfried Von Herder, diciendo: "Sin inspiración, las mejores capacidades de la mente se quedan latentes; hay un combustible en nuestro interior que necesita ser encendido con chispas".[3]

Los pensamientos son espirituales, y también lo es el proceso inspiracional. El hombre comienza con un concepto en su mente, algo que él cree que es capaz de lograr; une su voluntad y su intelecto a su imaginación; y entonces la expectativa se lleva a cabo. En Génesis 11 el pueblo pensó que podían construir una torre que llegase hasta el cielo y debido a que vieron esa torre en sus mentes fueron capaces de construirla. Dios los detuvo causando confusión y haciendo imposible que se comunicasen, porque la torre se convirtió en un ídolo para ellos. Sin embargo, esta historia sigue ilustrando el poder de nuestros pensamientos y nuestras palabras.

> Todos forman un solo pueblo y hablan un solo idioma; esto es sólo el comienzo de sus obras, y todo lo que se propongan lo podrán lograr.
>
> —GÉNESIS 11:6

PENSAR: PARA QUE HAYA CAMBIO

Cada circunstancia en tu vida puede ser cambiada para mejor. En el momento en que conviertes tu imaginación en intenciones y tus intenciones en actos, debe ocurrir un cambio. Un profundo ejemplo de alguien que cambió sus humildes circunstancias por medio del poder del pensamiento es el compositor sin igual y empresario musical Quincy Jones. En sus propias palabras, él era inspirado por cada banda que pasaba por la ciudad. No tenía formación alguna, pero fue impulsado por la inspiración a aprender de cada oportunidad que se presentase. Se sabe que pasaba a ver a Ray Charles a primera hora de la mañana siempre que estaba en la ciudad. Fue prácticamente adoptado por Count Basie a la edad de trece años. En cuanto Quincy agarraba la trompeta, oía arreglos de conjuntos musicales en su cabeza y su reputación como arreglista creció.[4] Él es el artista con más nominaciones a los premios Grammy de todos los tiempos, con un total de setenta y nueve nominaciones a los Grammy.[5] Quincy Jones estaba inspirado.

George Washington Carver fue inspirado a cultivar y producir cacahuates. Comenzando como jornalero en el campo, Carver más adelante asistió a la universidad Tuskegee y revolucionó la economía agrícola sureña pensando en más de doscientos productos que podrían derivarse del cacahuate y más de cien productos diferentes que podrían derivarse de la batata. Esos productos incluían: jabón, tinta, plásticos, grasa para ejes, harina, melaza, vinagre y goma, sólo por nombrar algunos.[6]

La imaginación es el producto natural de la meditación. Las oportunidades y la creatividad de la vida disminuyen o explotan según tu capacidad de utilizar tu imaginación. Albert Einstein dijo: "Yo soy lo bastante artista para dibujar libremente en mi imaginación. La imaginación es más importante que el conocimiento. El conocimiento es limitado. La imaginación rodea el mundo".[7] Si podemos pensar en la imaginación como una puerta que se abre a un mundo de posibilidades, entonces las intenciones y los actos correspondientes son las llaves que abren esa puerta.

Einstein fue considerado lento para aprender, posiblemente debido a la dislexia, sin embargo, él imaginó, postuló e impulsó la teoría de la relatividad hasta el primer plano de la ciencia moderna, ganando el premio Nobel de Física en 1921.[8] Lo que sabemos de física cuántica puede atribuirse en gran medida a las contribuciones de Albert Einstein. Más que ningún otro, este campo de la ciencia ha confirmado la verdad bíblica acerca de la relación entre fe y lo "milagroso". Ambos testifican de la verdad de que cualquier cosa que pueda imaginarse ya existe; simplemente existe en otra dimensión —en otra forma o sustancia—, y esta es la fuente de toda inspiración.

Por consiguiente, Dios concibió y por su Espíritu habló y dio existencia a todo lo que es. Él trajo a lo temporal lo que ya existía en lo espiritual por el poder de su Palabra. Él sopló esa fuerza creativa —su Espíritu mismo— en la humanidad. Es su Espíritu en ti el que te da inspiración y entendimiento de lo que ya existe en la esfera espiritual. Hay en el hombre "el espíritu que en él habita; ¡es el hálito del Todopoderoso!" (Job 32:8). Ese espíritu en ti ha existido siempre —es eterno— y es la fuente de toda revelación e inspiración.

El Espíritu de Dios crea una huella en forma de entendimiento y de esa huella llegan a ser todas las cosas. Antes de que tuviéramos la computadora, ciertas personas vieron una necesidad de ella y fueron inspiradas. Esta inspiración salió de la esfera del espíritu. Desde la computadora hasta sinfonías y curas para el cáncer, todo comenzó como una inspiración. Toda buena inspiración viene de Dios; Él es el gran Inspirador y el todopoderoso Capacitador. Todas las cosas son posibles para aquellos que ponen su confianza en Él (ver Marcos 10:27).

La inspiración es algo de Dios. La inspiración es Dios mismo hablando al espíritu humano. Los pensamientos inspiracionales son Dios que encuentra expresión de su voluntad por medio de las mentes de seres humanos. Según Jeremías 29:11, los pensamientos de Dios son de bien y no de mal. Quiero recordarte que Dios hace algo bueno, y Él te tiene en mente, ¡mucho más abundantemente de lo que pudieras pedir o imaginar! (ver Efesios 3:20).

El gran "imaginador", Walt Disney, fue ejemplo de este principio. Él no sólo fue capaz de conectar con el poder de la imaginación, sino que también lo que él produjo fue pura bondad y alegría, transformando el mundo del entretenimiento para la familia. Él fue conocido como un pionero y un innovador y "el poseedor de una de las imaginaciones más fértiles y únicas que el mundo haya conocido jamás".[9] ¿Quién pensaría que un ratón, un pato, y un hada de cuentos podrían demostrar tener tal peso en la poderosa industria del entretenimiento en el mundo? Disney tenía la capacidad de ver por encima del statu quo la esfera de posibilidades ilimitadas, entretejiendo tecnología, ingeniería, arte e imaginación de maneras sin precedentes. Su imaginación le impulsó al futuro y dio existencia a nuevas formas de arte y entretenimiento que nunca antes se pensó que fuesen posibles. Actualmente tenemos Disneyland y Disney World, los mayores parques temáticos del mundo, debido a la semilla plantada por la imaginación sólo de este hombre.

Nuestras vidas son edificadas por una serie de pensamientos, muy parecido a como se usan los ladrillos para construir una casa. Los ladrillos son los que trasladan esa casa desde un pedazo de papel y la hacen tridimensional. A medida que el hombre piensa en su corazón —en el presente continuo activo, tal como continúa pensando—, está construyendo su vida ladrillo a ladrillo.

Cada uno de tus pensamientos actuales es una importante pieza de construcción para determinar la calidad de tu futuro. Muchos de nosotros construimos vidas como chabolas, mientras que otros construyen mansiones. Si tus pensamientos son inferiores, tu vida será inferior, pero si tus pensamientos son elevados y honorables, estás poniendo el fundamento para vivir igualmente.

EXTIENDE TU TERRITORIO

Existe una relación directa entre la calidad de tus pensamientos y la calidad de tu vida. Lo que piensas determina quién eres; determina lo que eres, dónde vas, lo que adquieres, dónde vives, a quién amas, dónde trabajas, lo que logras, lo que lees... y podría continuar con la lista. James Allen escribió en su clásico *As a Man Thinketh*: "Todo lo que un hombre logra y lo que no logra es el resultado directo de sus propios pensamientos".[10] Si tu vida ha de cambiar, debes pensar para cambiar. Siempre estás sólo a un pensamiento de distancia de cambiar tu vida. Como dice Joel Osteen, ¡puedes vivir tu mejor vida ahora!

El siguiente es el principio: nunca tendrás más, o avanzarás, o lograrás cosas mayores de lo que tus pensamientos te permitan. Por tanto, debes crear un opulento ambiente de pensamientos a fin de crear una vida opulenta. Tu vida es un reflejo de tus pensamientos y meditaciones más dominantes. Cuando tengas como práctica meditar en el éxito, comenzarás a vivir una vida exitosa.

> **Cada uno de tus pensamientos actuales es una importante pieza de construcción para determinar la calidad de tu futuro.**

El problema para la mayoría de las personas es que no saben exactamente cómo sería el éxito para ellas como individuos o, lo que es más importante, cómo se sentirían personalmente. No es suficiente sólo con meditar en el éxito en general; necesitas ser específico. Tú eres el arquitecto y constructor de tu futuro. Utiliza tus pensamientos como un arquitecto utiliza un plano. Piensa en todos los detalles. Un arquitecto no sólo piensa en las habitaciones de una casa, sino también en los tipos de ventanas, el tamaño de los armarios, la situación de desagües, etc. Nada es demasiado insignificante. ¡Piensa en grande y piensa detalladamente!

Pregunta a Michael Dell. Con mil dólares que pidió prestados a familiares a sus diecinueve años de edad, lanzó su empresa multimillonaria que domina actualmente la fabricación de computadoras. Sobre la premisa de que él podía desbancar a grandes fabricantes construyendo computadoras para la clientela y vendiendo directamente a los consumidores, comenzó a vender sistemas y accesorios desde su habitación en la residencia de estudiantes.[11] Esta idea radical sacudió hasta sus cimientos el mundo de la informática. ¿Cómo lo hizo él? Pensó en grande, pensó detalladamente, y pensó fuera del molde.

Si quieres que tu vida sea diferente, debes atreverte a pensar de modo diferente; atrévete a pensar fuera del molde. Piensa pensamientos de posibilidad. Recuerda que, según Marcos 10:27, "para Dios todo es posible".

Podría ser precisamente por esta razón que Jabes, en 1 Crónicas 4:9-10, no le pidió a Dios más propiedades o mayor riqueza, sino que Él ensanchase su territorio intelectual, o su capacidad mental con respecto a su propia valía. Le pidió a Dios que le diera una mayor capacidad para concebir lo que él podría lograr por causa de Dios porque sabía que su propio pensamiento limitado le estaba manteniendo cautivo. Oró para que Dios le diera una mayor capacidad de pensar en grande. Tú necesitas cultivar un pensamiento de posibilidad porque tus pensamientos determinan tu destino. Tienes que ser capaz de pensar sobre tu futuro con respecto a lo que realmente quieres lograr y por causa de quién.

Decide ahora qué pasos necesitas dar cada día para sacar el máximo partido a tu vida en el futuro. Me gusta lo que dice Henry David Thoreau: "Ve confiadamente en la dirección de tus sueños. Vive la vida que has imaginado".[12]

Nada limita más el logro como pensar en pequeño; nada extiende más las posibilidades como pensar fuera del molde. Desata el poder de tu mente. Aprende a cultivar el pensamiento de posibilidad. Ten pensamientos originales; piensa en algo que nunca se haya hecho, o dale una nueva interpretación a algo que siempre ha estado ahí. En 1886, John Pemberton convirtió un común sirope medicinal en un fenómeno cultural combinándolo con agua con gas y sirviéndolo como refresco. Coca-Cola es actualmente la bebida más conocida del planeta.[13]

Bill Gates, el magnate de la informática, estaba decidido a encontrar un modo de aplicar sus capacidades dentro de la industria de la informática. En Harvard, Gates pasaba muchas largas noches delante de la computadora de la escuela dialogando sobre ideas y la posibilidad de un futuro negocio de informática con su compañero de estudios Paul Allen. Cuando un día hojeaban una revista, Allen y Gates vieron que el mercado de las computadoras estaba a punto de desarrollarse y explotar, y que alguien tendría que crear *software* para todas esas máquinas nuevas. Ellos actuaron según ese impulso y trabajaron en un programa que pensaron que era prometedor. Dentro de ese año, Bill Gates tomó un permiso para ausentarse de Harvard y se formó Microsoft.[14] A veces necesitas mirar con nuevos ojos. Las posibilidades en tu vida cambian cuando tu perspectiva cambia. Esto es verdadera visión.

Bill Gates era un visionario. Él llevó una nueva perspectiva al mundo de las computadoras. La visión te conecta con tu destino y tu futuro. Helen Keller dijo: "La mayor tragedia en la vida son las personas que tienen vista pero no visión".[15] Debes verte a ti mismo haciendo más, obteniendo más, y siendo más. Visión es la capacidad de pensar progresivamente. Una visión es una imagen mental de futuras posibilidades. Un amigo mío me dijo una vez que tus pies nunca te llevarán donde tu mente no haya estado nunca. Conviértete en el Cristóbal Colón de tu futuro. Colón se atrevió a perder de vista lo conocido a fin de experimentar lo desconocido. Para conquistar nuevo territorio debes tener valentía para perder de vista la costa. Sueña en grande, y después atrévete a despertar y lograrlo. El orador motivacional, Robert J. Kriegel, ha dicho: "Lo que es una lástima en la vida no es no alcanzar tu sueño, sino no tener un sueño que alcanzar".

PIENSA POR ENCIMA DE DONDE ESTÁS

Si quieres progresar en la vida, tienes que pensar progresivamente. Para hacerlo, algo nuevo debe sustituir a lo viejo. Tienes que pensar por encima de donde estás. Alexander Graham Bell pensó por encima de la limitación de los puntos y rayas del código Morse y sustituyó el telegrama por la innovación del teléfono. Conviértete en un visionario,

> "Lo que es una lástima en la vida no es no alcanzar tu sueño, sino no tener un sueño que alcanzar".

sé creativo. ¡Quita los límites de tu mente! Piensa por
encima de donde estás. Como anunciaba el narrador al
comienzo de cada episodio del clásico *Star Trek*: "Ve con
valentía donde ningún hombre haya ido antes". Atrévete
a convertirte en el pionero de tu propia vida.

Dios es un Dios creativo, por tanto, somos seres creativos. Fuimos creados a su imagen. Como hijo o hija de
Él, tú puedes conectar con la mente creativa de Dios —el
genio de Dios— y ver lo que otras personas no pueden
ver y oír lo que otras personas no pueden oír. Sigue el
ejemplo de Jesús:

> Ciertamente les aseguro que el hijo no puede
> hacer nada por su propia cuenta, sino solamente
> lo que ve que su padre hace, porque cualquier
> cosa que hace el padre, la hace también el hijo.
> Pues el padre ama al hijo y le muestra todo lo
> que hace. Sí, y aun cosas más grandes que éstas
> le mostrará, que los dejará a ustedes asombrados.
>
> —JUAN 5:19-20

Jesús dijo que mientras otras personas eran incapaces
de ver lo que estaba pasando en el cielo, Él podía verlo.
Este es el desafío del pensamiento creativo: a medida que
abres los canales espirituales de tu mente, Dios puede
poner en tu mente pensamientos divinos y creativos. Pide
a Dios que ensanche tu capacidad de pensar, que quite
los límites.

Dios no sólo te otorgará tus peticiones de oración,
sino que también te otorgará tus declaraciones diarias.
Al igual que Jabes cambió su destino al pedir a Dios que
le diese pensamientos más grandes, también tú puedes
cambiar el tuyo. Te desafío a que cambies tu papel, de
ser animador a convertirte en tambor mayor. Marcha al

ritmo de tu propio tambor, al ritmo de tu propia individualidad, y al ritmo de los palpitantes sonidos sinfónicos de tu único destino y propósito.

NO SUBESTIMES EL PODER DE TUS PENSAMIENTOS

Cualquiera que sea tu enfoque predominante, eso es lo que permites que exista en tu vida. Jabes escogió enfocarse en sus deseos futuros en lugar de enfocarse en sus circunstancias presentes. Muchas veces las personas se enfocan en lo negativo y viven en un círculo de negatividad. Tienes que escoger enfocarte en lo positivo. Tienes que entrenar tu mente para pensar en lo que es respetable, excelente, y merezca elogio (ver Filipenses 4:8). Lo que vaya mal en tu vida es un resultado de tu enfoque. Si no te gusta, ¡cambia tu enfoque!

En Génesis 13:14-18 Dios enseñó a Abraham algo acerca del enfoque. Le dijo que mirase el territorio que Él le iba a dar, que caminase por la tierra en toda dirección, y visualizase la extensión de su legado. Entonces le dijo: "Multiplicaré tu descendencia como el polvo de la tierra. Si alguien puede contar el polvo de la tierra, también podrá contar tus descendientes" (v. 16). ¿Para qué le capacitó Dios? Le capacitó para que se enfocase en pensamientos más grandes.

Si planeas cambiar tu futuro, no te enfoques en las cosas, personas o circunstancias que son más pequeñas que aquello que tú esperas. Tu enfoque alimentará tu fe o confirmará tus temores. Aprende a pensar como Abraham. Piensa con intención, generacionalmente, y hasta globalmente. ¡Nunca puedes pensar cosas demasiado grandes, demasiado grandiosas, o demasiado estupendas! Te desafío con las palabras de Daniel H. Burnham:

No hagas planes pequeños, pues no tienen magia para avivar la sangre de los hombres, y probablemente no se cumplirán. Haz planes grandes; apunta alto en esperanza y trabajo, recordando que un noble y lógico diagrama una vez anotado no morirá, sino que mucho después de que nos hayamos ido será algo vivo, afirmándose con insistencia cada vez mayor.[16]

Aprende a pensar estratégicamente, como hizo Salomón al establecer su reino después del reinado de David. Busca resueltamente la sabiduría de Dios a fin de que Él pueda poner en tu mente calendarios, metas, objetivos y recursos concretos. Escucha la oración de Salomón y cómo Dios respondió tal como se registra en 2 Crónicas:

Salomón respondió... Yo te pido sabiduría y conocimiento para gobernar a este gran pueblo tuyo; de lo contrario, ¿quién podrá gobernarlo?

Entonces Dios le dijo a Salomón: Ya que has pedido sabiduría y conocimiento para gobernar a mi pueblo, sobre el cual te he hecho rey, y no has pedido riquezas ni bienes ni esplendor, y ni siquiera la muerte de tus enemigos o una vida muy larga, te los otorgo. Pero además voy a darte riquezas, bienes y esplendor, como nunca los tuvieron los reyes que te precedieron ni los tendrán los que habrán de sucederte.

—2 Crónicas 1:8, 10-12

CREA UN AMBIENTE CREATIVO

Una cosa que yo hago y que me ayuda a pensar más estratégicamente y con más sabiduría y, por tanto, a orar más eficazmente, es ser consciente de mi ambiente. Tu ambiente impactará tu actitud, enfoque, fe, y la intencionalidad de tus pensamientos. Si estás rodeado de desorden, ruido, recordatorios de carencias y otros problemas, te resultará más difícil pensar por encima de esos problemas que limitan. Tú tienes la capacidad de crear un ambiente inspiracional a tu alrededor.

Me gusta la belleza; cualquier cosa que sea bella, limpia y ordenada automáticamente me da inspiración. A algunas personas les gusta la quietud de la naturaleza o la estimulación de la música o de una animada cafetería. Dios le dio al hombre un sinnúmero de ambientes inspiracionales para animar su creatividad. Busca esos ambientes en particular que inspiren pensamientos de abundancia en todos los niveles, y encuentra un modo de emplear cantidades de tiempo en tu espacio más creativo.

Cuando encuentres ese lugar, practica pensar de manera "divergente", fuera del molde, y mírate a ti mismo corriendo algunos riesgos. ¡El mayor riesgo en la vida es no correr ningún riesgo! Prepara tu mente para buscar y aceptar mayores desafíos. Si te resulta difícil pensar fuera del molde, entonces imagina crear uno nuevo. Practica el pensar como empresario y siéntete cómodo con pensamientos de logro y de éxito; piensa y siente como si ya tuvieras lo que deseas. Crea los sentimientos de éxito fingiendo que estás viviendo el tipo de vida que has imaginado hasta que esta práctica afecte los hábitos de tu mente. Piensa en el presente; piensa positivamente: ve aquello que quieres, el negocio que esperas lograr, la persona con la que quieres casarte, etc., como si ya estuvieras en posesión de lo que deseas.

Tu éxito y prosperidad dependen de lo que hay en tu mente.

Condiciona tu mente para aceptar esos pensamientos, y atraerás hacia ti esas oportunidades y experiencias.

Tu éxito y prosperidad dependen de lo que hay en tu mente. Lo primero que necesitas cambiar son tus pensamientos sobre lo que Dios quiere para ti. Él quiere que vivas una vida de abundancia; su deseo es darte secretos universales divinos para un gran éxito y prosperidad. Él tiene la receta espiritual secreta de la vida abundante.

Hay muchas personas que puede que no sean tan espirituales como tú, pero a pesar de eso fueron capaces de conectarse con algo grande. Ya sea por accidente o por providencia, están viviendo vidas que están por encima de sus mejores sueños, y tú también puedes hacerlo. Debes decirte a ti mismo, hasta que este sólo hecho se convierta en tu convicción: "¡Dios quiere que yo viva en abundancia!".

Un mundo de posibilidades está esperando ser desatado en tu futuro.

[Jesús le dijo]: Para el que cree, todo es posible.
—MARCOS 9:23

Capítulo Tres

EL PODER CREATIVO DE LAS PALABRAS HABLADAS

Para esos hombres que, tarde o temprano, son lo bastante afortunados para separarse del pelotón, el momento más embriagador llega cuando dejan de ser cuerpos al mando de otros hombres y descubren que ellos controlan su propio tiempo, cuando aprender a oír su propia voz y autoridad.[1]

—Theodore White

ESCOGER CONSCIENTEMENTE TUS PALABRAS ES COMO unir la combinación correcta de ladrillos y cemento. Al igual que los grandes arquitectos han tomado materiales en bruto para construir rascacielos e intemporales monumentos, tus palabras son los materiales en bruto que pueden formar la vida que has de vivir. Las palabras conllevan gran poder, y la Escritura está repleta de principios que dan apoyo al poder de la lengua. Job 22:28 dice:

Tendrás éxito en todo lo que emprendas,
y en tus caminos brillará la luz.

Este pasaje se refiere a tu unción real: el favor que Dios ha derramado sobre ti porque le perteneces a Él. Me recuerda la historia cuando Samuel acudió a David y derramó aceite de la unción sobre su cabeza para significar que él sería el siguiente rey de Israel. Samuel no le llevó una corona, sino que le ungió con aceite: un símbolo del Espíritu Santo y de las bendiciones de Dios y su aprobación. Muchos años después es cuando David realmente se puso esa corona, pero desde el momento en que fue ungido, ya era un rey a los ojos de Dios. Comenzaron a sucederle cosas buenas casi de inmediato, porque él empezó a mirar su mundo con ojos de bendición en lugar de hacerlo con ojos de fracaso. Aun cuando derrotaba al león y al oso, él sabía que podía derrotar gigantes. Y al igual que él tomó autoridad y derrotó todo lo que amenazaba su ascenso al trono, tú debes tomar autoridad y derrotar todo lo que amenace tu ascenso a la esfera del éxito y la prosperidad.

Un rey no suplica y llora por alguna cosa, no tiene que hacerlo. Él declara algo y eso queda establecido. Un rey tiene el poder legal de *decretar*, que es una antigua palabra para "legislar". Él instituye, confirma, establece, convoca, autoriza, eso es lo que un rey hace.

Pedro nos dice que pertenecemos a un "real sacerdocio" (1 Pedro 2:9). La palabra *real* habla de nuestros atributos regios como creyentes. Recuerda que Jesús es el Rey de reyes; Él es el Rey con mayúscula, y nosotros somos los reyes con minúscula. Debes manifestar tu unción real para decretar bendiciones sobre tu matrimonio, familia, negocio, ministerio y todas las demás áreas de tu vida.

Todo el universo está esperando que nosotros le demos instrucción. Como dice la Biblia: "La creación aguarda con ansiedad la revelación de los hijos de Dios" (Romanos 8:19). Todo el universo espera con anticipación que los hijos e hijas de Dios se manifiesten y lo lleven de nuevo a estar alineado con la intención original de Dios para él. Cada palabra que pronuncias está embarazada de poder real y creativo.

El primero en ilustrar esto fue Dios mismo. Según Hebreos 11:3: "Por la fe entendemos que el universo fue formado por la palabra de Dios, de modo que *lo visible no provino de lo que se ve*" (énfasis añadido). Aunque las palabras no son visibles, son entidades sustanciales que llevaron lo tangible al universo mediante el poder de Dios.

En el primer capítulo del libro de Génesis vemos al comienzo de cada día de la historia de la creación: "Y dijo Dios: Que exista…". Dios habló lo que Él había visto en su mente cuando había soñado con crear el universo, y cuando Él habló, la tierra, todos los planetas, el sol, la luna y las estrellas, al igual que toda planta, animal, y la humanidad misma, aparecieron tal como Él nos había visto a todos con los ojos de su mente. Dios habló, y desde aparentemente "la nada" provino todo lo que existe en el universo físico.

> **Debes manifestar tu unción real para decretar bendiciones sobre tu matrimonio, familia, negocio, ministerio y todas las demás áreas de tu vida.**

UN ENTENDIMIENTO MÁS PROFUNDO

Santiago, el hermano de Jesús, explicó cómo ha de funcionar esto en nuestras vidas:

> Todos fallamos mucho. Si alguien nunca falla en lo que dice, es una persona perfecta, capaz también de controlar todo su cuerpo.
>
> Cuando ponemos freno en la boca de los caballos para que nos obedezcan, podemos controlar todo el animal. Fíjense también en los barcos. A pesar de ser tan grandes y de ser impulsados

por fuertes vientos, se gobiernan por un pequeño timón a voluntad del piloto. Así también la
lengua es un miembro muy pequeño del cuerpo,
pero hace alarde de grandes hazañas. ¡Imagínen-
se qué gran bosque se incendia con tan pequeña
chispa!

—SANTIAGO 3:2-5

Cuando un barco zarpa para cruzar el mar, el piloto
establece el curso; entonces decide las veces que necesi-
tará para ajustar la dirección del barco para que siga el
curso que él ha establecido. De vez en cuando comprue-
ba sus cálculos para asegurarse de que siempre vaya en
la dirección correcta, y entonces mantiene la conducción
lo más firme posible, dirigiéndose hacia su destino determinado de antemano. Sin duda, a lo largo del camino
puede que tenga que ajustar el timón para atravesar tormentas, navegar por corrientes, o evitar obstáculos en el
agua, pero siempre conduce con su enfoque puesto más
en hacia dónde se dirige que en lo que está atravesando.
Si él cambia constantemente la conducción de un minuto
al siguiente, fijándose en sus circunstancias presentes, es
más probable que el barco navegue en círculos en lugar
de llegar al puerto deseado.

Para el piloto, el curso se crea primero en sus pensamientos, se comunica mediante el timón, y entonces
se realiza a medida que el resto del barco se alinea con
la intención que él tiene. Para nosotros, nuestras vidas
solamente llegan a nuestras metas deseadas si alinea-
mos nuestros pensamientos, palabras, hábitos y actos de
manera similar. Con este marco en mente, puedes escoger vivir de manera consciente e intencionada. En lugar
de permitir que los elementos de tu día dicten tu destino,

puedes tomar control de esos elementos y dirigir su curso hacia un fin mayor.

Debes tomar tiempo para considerar con atención el curso de tu vida. ¿Hacia dónde te diriges? ¿Cómo será cuando llegues allí? Deja que tu imaginación se haga cargo. Pasa tiempo soñando despierto acerca de lo que quieres ser en la vida. Lee al respecto; estudia ese lugar; escribe sobre ello en tu diario; dibújalo. Da rienda suelta a tu mente con las posibilidades de lo que puedes conseguir, lo que puedes ser y lo que puedes lograr. Transforma tus imaginaciones en intenciones. Actúa intencionadamente en lugar de reaccionar inconscientemente.

¿Qué será necesario para llegar ahí? ¿Hay capacidades que necesitarás adquirir? ¿Hay personas que viven en ese lugar de las cuales puedes aprender? ¿Cómo llegaron ellas ahí? ¿Qué caminos tomaron? ¿Hay hábitos que deberías formar y que te mantendrán en curso?

Ahora habla de ello. Alinea tu boca—el timón de tu vida—con el lugar donde vas. Después mantenla firme y en curso.

¿Qué le sucede a un barco si lo diriges en una dirección en un momento, y después cambias a la dirección contraria al minuto siguiente, y sigues haciendo eso una y otra vez? Bastante sencillo: no va a ninguna parte. Eso es lo que sucede cuando las personas comienzan hablando sobre las cosas buenas que esperan que sucedan y después, pasan la media hora siguiente hablando

Aun en medio de lo que parece una catástrofe, sigue pronunciando la bendición. Mantén el barco de tu vida en un curso firme y, antes de que te des cuenta, las nubes de tormenta se aclararán y habrás atravesado tu dificultad, la habrás dejado muy atrás.

sobre todas las cosas negativas que les están sucediendo y que evitan que lleguen allí. Convierten sus vidas en círculos. Alinean durante un rato sus palabras habladas con el lugar donde quieren ir; después, cuando se encuentran con una tormenta a lo largo del camino, lo único que hacen es hablar del mal tiempo y pierden el curso de donde se dirigían en primer lugar. Olvidan que tienen la capacidad de dar un giro a sus vidas en la tormenta o de proseguir y atravesarla hasta llegar a la luz del sol que les espera al otro lado. Olvidan que el "Hijo" nunca ha dejado de brillar en sus vidas, sin importar lo negras que sean las nubes del cielo.

Aun en medio de lo que parece una catástrofe, sigue pronunciando la bendición. Mantén el barco de tu vida en un curso firme y, antes de que te des cuenta, las nubes de tormenta se aclararán y habrás atravesado tu dificultad, la habrás dejado muy atrás.

DILES A TUS PROBLEMAS DÓNDE IR

Cada uno de tus decretos está lleno del poder y el potencial de revolucionar tu vida. El Salmo 2:7-8 indica que Dios utiliza esta prerrogativa y otorga la misma a sus embajadores terrenales:

> Yo proclamaré el decreto del Señor:
> Tú eres mi hijo, me ha dicho;
> hoy mismo te he engendrado.
> Pídeme, y como herencia te entregaré las
>   naciones;
> ¡tuyos serán los confines de la tierra!

David utilizó este derecho para decretar y declarar cambiar las mareas del desfavorable destino de Israel y derrotar a su enemigo Goliat. En 1 Samuel 17:46-51 David se enfrenta a su enemigo con convicción y autoridad:

> Hoy mismo el Señor te entregará en mis manos; y yo te mataré y te cortaré la cabeza. Hoy mismo echaré los cadáveres del ejército filisteo a las aves del cielo y a las fieras del campo, y todo el mundo sabrá que hay un Dios en Israel. Todos los que están aquí reconocerán que el Señor salva sin necesidad de espada ni de lanza. La batalla es del Señor, y él los entregará a ustedes en nuestras manos.
>
> En cuanto el filisteo avanzó para acercarse a David y enfrentarse con él, también éste corrió rápidamente hacia la línea de batalla para hacerle frente. Metiendo la mano en su bolsa sacó una piedra, y con la honda se la lanzó al filisteo, hiriéndolo en la frente. Con la piedra incrustada entre ceja y ceja, el filisteo cayó de bruces al suelo. Así fue como David triunfó sobre el filisteo: lo hirió de muerte con una honda y una piedra, y sin empuñar la espada. Luego corrió adonde estaba el filisteo, le quitó la espada y, desenvainándola, lo remató con ella y le cortó la cabeza. Cuando los filisteos vieron que su héroe había muerto, salieron corriendo.

Ya que la esfera espiritual es la esfera causal, Goliat fue muerto mucho antes de ser golpeado por la piedra y que le cortaran la cabeza con la espada.

Recuerda: según Proverbios 18:21: "En la lengua hay poder de vida y muerte; quienes la aman comerán de su fruto". Escoge utilizar tu lengua para traer vida y no muerte, para bendecir y no maldecir, aun cuando se trate de tus "enemigos". Aprende el arte de bendecir, porque al bendecir a una persona o cosa, esa persona o cosa debe bendecirte: "Bendigan a quienes los persigan; bendigan y no maldigan" (Romanos 12:14). Cuando bendices, serán atraídas a ti bendiciones, o como dice Deuteronomio 28:2: "Todas estas bendiciones vendrán sobre ti y te acompañarán siempre". Por el contrario, al maldecir a una persona o cosa, atraes maldiciones sobre ti mismo.

Una vez más, como dijo Santiago: "El hombre de doble ánimo es inconstante en todos sus caminos" (Santiago 1:8, RV60). ¿Qué quiso decir? Una persona de doble ánimo es una persona con pensamientos en conflicto: alguien que sostiene dos opiniones distintas al mismo tiempo. Esa persona es el piloto que conduce su barco hacia un puerto durante un tiempo y después cambia su rumbo hacia otro en la dirección opuesta. "Es semejante a la onda del mar, que es arrastrada por el viento y echada de una parte a otra" (v. 6). En un punto, tu vida se dirige hacia las bendiciones porque eso es lo que has hablado, y después se dirige hacia la maldición porque eso es ahora lo que tu boca proclama.

Santiago vuelve a describir esta grave situación del piloto más adelante en su carta:

> Con ella bendecimos al Dios y Padre, y con ella maldecimos a los hombres, que están hechos a la semejanza de Dios. De una misma boca proceden bendición y maldición. Hermanos míos, esto no debe ser así.
>
> —SANTIAGO 3:9-10, RV60

Estoy convencida de que, debido a la ignorancia, los creyentes tienden a vivir por debajo del estándar que Dios ha ordenado para sus hijos. No sabemos que nuestras declaraciones y decretos diarios tienen la capacidad de alterar nuestro destino y cambiar la calidad de nuestras vidas. Proverbios 13:3 dice: "El que refrena su lengua [vigila lo que dice] protege su vida". O como dijo Santiago: "Si alguien nunca falla en lo que dice, es una persona perfecta [madura], capaz también de controlar todo su cuerpo" (Santiago 3:2). Si refrenar tus palabras hace que protejas tu vida y crezcas en madurez, imagina lo que sucede cuando no refrenas tus palabras.

El siguiente es un ejemplo de alguien cuya boca evitó que gustase de la bendición.

Eliseo contestó: Oigan la palabra del Señor, que dice así: "Mañana a estas horas, a la entrada de Samaria, podrá comprarse una medida de flor de harina con una sola moneda de plata, y hasta una doble medida de cebada por el mismo precio". El ayudante personal del rey replicó: ¡No me digas! Aun si el Señor abriera las ventanas del cielo [portales espirituales], ¡no podría suceder tal cosa! Pues lo verás con tus propios ojos —le advirtió Eliseo—, pero no llegarás a comerlo.

Ese día, cuatro hombres que padecían de lepra se hallaban a la entrada de la ciudad. —¿Qué ganamos con quedarnos aquí sentados, esperando la muerte? —se dijeron unos a otros—. No ganamos nada con entrar en la ciudad. Allí nos moriremos de hambre con todos los demás, pero si nos quedamos aquí, nos sucederá lo mismo. Vayamos, pues, al campamento de los sirios, para rendirnos. Si nos perdonan la vida, viviremos; y si nos matan, de todos modos moriremos.

Al anochecer se pusieron en camino, pero cuando llegaron a las afueras del campamento sirio, ¡ya no había nadie allí!... entraron en una de las tiendas de campaña. Después de comer y beber, se llevaron de allí plata, oro y ropa, y fueron a esconderlo todo. Luego regresaron, entraron en otra tienda, y también de allí tomaron varios objetos y los escondieron.

Entonces se dijeron unos a otros: Esto no está bien. Hoy es un día de buenas noticias, y no las estamos dando a conocer. Si esperamos hasta que amanezca, resultaremos culpables. Vayamos ahora mismo al palacio, y demos aviso.

Así que fueron a la ciudad y llamaron a los centinelas. Les dijeron: «Fuimos al campamento de los sirios y ya no había nadie allí. Sólo se oía a los caballos y asnos, que estaban atados. Y las tiendas las dejaron tal como estaban». Los centinelas, a voz en cuello, hicieron llegar la noticia hasta el interior del palacio...

El rey le había ordenado a su ayudante personal que vigilara la entrada de la ciudad, pero el pueblo lo atropelló ahí mismo, y así se cumplió lo que había dicho el hombre de Dios cuando el rey fue a verlo. De hecho, cuando el hombre de Dios le dijo al rey: «Mañana a estas horas, a la entrada de Samaria, podrá comprarse una doble medida de cebada con una sola moneda de plata, y una medida de flor de harina por el mismo precio».

—2 Reyes 7:1-5, 8-11, 17-18

El profeta Eliseo habló la bendición de Dios para que se manifestara. Se necesitó una declaración profética para cambiar el paisaje económico de una nación entera. El oficial que influenciaba al rey recibió la declaración divina con escepticismo e incredulidad; sus palabras literalmente abortaron la bendición de Dios para él y causaron, en cambio, que perdiera su vida. Este hombre murió debido a que se negó a estar de acuerdo con el plan de Dios y se burló de la metodología de una bendición. Sin embargo, cuatro leprosos, que ni siquiera estaban cerca de la declaración, prosperaron debido a ella. Ellos experimentaron una provisión sobrenatural debido a una explosión profética que abrió las ventanas de los cielos.

PRONUNCIA TUS BENDICIONES

Oseas 8:7 afirma: "Sembraron vientos y cosecharán tempestades". Esto demuestra la poderosa naturaleza de las palabras. Cualquier cosa que siembres regresará a ti multiplicada.

Pon tu mano directamente delante de tu boca y declara en voz alta: "Soy bendecido, todas mis necesidades son cubiertas, y tengo más que suficiente para mí mismo, para mi casa, y me sobra para dar a otros".

¿Sentiste el poder de esas palabras que salieron de tu boca como una brisa? Esas mismas palabras regresarán a ti, manifestadas con una fuerza de huracán, soplando en tu vida abundancia y bendiciones o carencia y calamidad, dependiendo de lo que pronuncies.

Escoge conducir tu vida a las bendiciones llenando la atmósfera que te rodea con palabras de fe y victoria.

> No se engañen: de Dios nadie se burla. Cada uno cosecha lo que siembra. El que siembra para agradar a su naturaleza pecaminosa, de esa misma naturaleza cosechará destrucción; el que siembra para agradar al Espíritu, del Espíritu cosechará vida eterna.
>
> —GÁLATAS 6:7-8

Capítulo Cuatro

¿QUÉ HAS PUESTO EN LA ATMÓSFERA?

Soy la suma total de lo que he estado confesando a lo largo de los años.[1]

—Joel Osteen

*M*AS PALABRAS SOLTADAS A LA ATMÓSFERA NO desaparecen y se disipan. No tienen limitaciones geográficas. Las palabras tienen poder, presencia, e implicaciones proféticas; crean una fuerza magnética que empuja la manifestación de lo que tú dices —bueno o malo, bendición o maldición— desde otras esferas, regiones y dimensiones. Son suspendidas e incubadas en la esfera del espíritu, esperando el momento correcto y la condición óptima para su manifestación.

Josué liberó una declaración así después de la conquista de Jericó. Dijo:

¡Maldito sea en la presencia del Señor el que se atreva a reconstruir esta ciudad! Que eche los cimientos a costa de la vida de su hijo mayor. Que ponga las puertas a costa de la vida de su hijo menor».

—JOSUÉ 6:26

Esas palabras estuvieron en la atmósfera aproximadamente unos seiscientos años sin que sucediese nada en Jericó. Entonces, 1 Reyes 16:34 relata el resto de la historia:

> En tiempos de Acab, Jiel de Betel reconstruyó Jericó. Echó los cimientos al precio de la vida de Abirán, su hijo mayor, y puso las puertas al precio de la vida de Segub, su hijo menor, según la palabra que el Señor había dado a conocer por medio de Josué hijo de Nun.

¿Te fijaste en eso? La muerte de los hijos mayor y menor de Jiel ocurrió como resultado de palabras liberadas por la boca de Josué y el correspondiente acto de Jiel.

Una vez más, en el libro de Números (una historia de la que ya hemos hablado brevemente), los hijos de Israel vagaron por el desierto durante cuarenta años y murieron, no porque estuvieran perdidos, sino porque ellos legislaron su exilio con sus propias bocas. Debido a sus palabras caprichosas, negativas y desagradecidas, ignorantemente alteraron su destino, de ser un viaje que debería haber durado aproximadamente quince días a durar cuarenta años. ¿Fue ese destino del diablo, el plan original de Dios, o un hecho de ellos mismos? La Escritura revela claramente que el viaje de cuarenta años en el desierto ocurrió como resultado de sus propias palabras que les atraparon:

Las palabras tienen poder, presencia, e implicaciones proféticas.

> En sus murmuraciones contra Moisés y Aarón, la comunidad decía: «¡Cómo quisiéramos haber muerto en Egipto! ¡Más nos valdría morir en este desierto! ¿Para qué nos ha traído el Señor a esta

tierra? ¿Para morir atravesados por la espada, y que nuestras esposas y nuestros niños se conviertan en botín de guerra? ¿No sería mejor que volviéramos a Egipto?»...

Allí estaban también Josué hijo de Nun y Caleb hijo de Jefone, los cuales habían participado en la exploración de la tierra. Ambos se rasgaron las vestiduras en señal de duelo y le dijeron a toda la comunidad israelita: La tierra que recorrimos y exploramos es increíblemente buena. Si el Señor se agrada de nosotros, nos hará entrar en ella. ¡Nos va a dar una tierra donde abundan la leche y la miel! Así que no se rebelen contra el Señor ni tengan miedo de la gente que habita en esa tierra. ¡Ya son pan comido! No tienen quién los proteja, porque el Señor está de parte nuestra. Así que, ¡no les tengan miedo!

Pero como toda la comunidad hablaba de apedrearlos, la gloria del Señor se manifestó en la Tienda, frente a todos los israelitas.

Entonces el Señor le dijo a Moisés: —¿Hasta cuándo esta gente me seguirá menospreciando? ¿Hasta cuándo se negarán a creer en mí, a pesar de todas las maravillas que he hecho entre ellos?

—Números 14:2-3, 6-11

Dios había hablado cosas buenas sobre el pueblo de Israel y había prometido darles la tierra de Canaán como herencia. Sin embargo, ellos confiaron más en sus propios temores que en Dios. Confiaron más en la comodidad de la esclavitud que en la esperanza de vivir como reyes y sacerdotes. Aunque Dios les había prometido su propia tierra, ellos cancelaron sus promesas no sólo con su falta de fe sino también con las palabras que pronunciaron.

De hecho, mientras ellos estaban acampados en las riberas del Jordán, mirando Canaán con sus rodillas temblando por cobardía, quienes estaban en Canaán los miraban a ellos con sus propios temores. Cuarenta años después, cuando Josué y Caleb regresaron con la nueva generación de israelitas para recoger la promesa de Dios, oyeron lo que los cananeos habían estado diciendo de ellos cuando espiaron por primera vez aquella tierra. Como Rahab de Jericó les dijo a los espías:

> Yo sé que el Señor les ha dado esta tierra, y por eso estamos aterrorizados; todos los habitantes del país están muertos de miedo ante ustedes. Tenemos noticias de cómo el Señor secó las aguas del Mar Rojo para que ustedes pasaran, después de haber salido de Egipto. También hemos oído cómo destruyeron completamente a los reyes amorreos, Sijón y Og, al este del Jordán. Por eso estamos todos tan amedrentados y descorazonados frente a ustedes. Yo sé que el Señor y Dios es Dios de dioses tanto en el cielo como en la tierra.
>
> —Josué 2:9-11

Mientras los israelitas llamaban "gigantes" a quienes estaban en Canaán, ¡los corazones de aquellos "gigantes" se derretían de temor a los israelitas! En lugar de escuchar a Josué y Caleb, cuyas palabras llenaron la atmósfera de fe, escogieron por el contrario ahogar toda esperanza a su alrededor escuchando a los otros diez espías que hablaron solamente de su incapacidad y de la grandeza de sus enemigos. Hasta trataron de arrepentirse cuando comprendieron lo que habían hecho y decidieron intentar obedecer a Dios y tomar la tierra, pero era demasiado tarde, sus propias palabras ya las habían anulado.

Así que diles de parte mía: Juro por mí mismo, que haré que se les cumplan sus deseos. Los cadáveres de todos ustedes quedarán tirados en este desierto. Ninguno de los censados mayores de veinte años, que murmuraron contra mí, tomará posesión de la tierra que les prometí. Sólo entrarán en ella Caleb hijo de Jefone y Josué hijo de Nun. También entrarán en la tierra los niños que ustedes dijeron que serían botín de guerra. Y serán ellos los que gocen de la tierra que ustedes rechazaron...

Cuando Moisés terminó de decirles esto, todos los israelitas se pusieron a llorar amargamente. Al otro día, muy de mañana, el pueblo empezó a subir a la parte alta de la zona montañosa, diciendo: Subamos al lugar que el Señor nos ha prometido, pues reconocemos que hemos pecado.

Pero Moisés les dijo: ¿Por qué han vuelto a desobedecer la orden del Señor? ¡Esto no les va a dar resultado! Si suben, los derrotarán sus enemigos, porque el Señor no está entre ustedes. Tendrán que enfrentarse a los amalecitas y a los cananeos, que los matarán a filo de espada. Como ustedes se han alejado del Señor, él no los ayudará. Pero ellos se empecinaron en subir a la zona montañosa, a pesar de que ni Moisés ni el arca del pacto del Señor salieron del campamento. Entonces los amalecitas y los cananeos que vivían en esa zona descendieron y los derrotaron, haciéndolos retroceder hasta Jormá.

—NÚMEROS 14:28-31, 39-45

Aunque estaban actuando según la palabra de Dios para ellos, llenaron la atmósfera con su propio temor y derrota en lugar de hacerlo con fe y victoria. Lo que recibieron no fue según las promesas de Dios sino según aquello de lo que llenaron la atmósfera. Ellos dirigieron sus vidas hacia un puerto de temor y fracaso, echaron el ancla allí y después se sorprendieron de que el agua estuviera llena de nada más que tiburones. Arrebataron la derrota justamente de la boca de la victoria.

Al igual que aquellos israelitas, ¿estás obteniendo exactamente lo que siempre has estado pidiendo?

PALABRAS CON LAS QUE VALE LA PENA ESTAR DE ACUERDO

Cuando lees una de las promesas de Dios para ti en la Biblia, ¿cuál es tu primer pensamiento? ¿Piensas: "Oh, será maravilloso tener eso algún día en el cielo"? ¿O: ¡qué promesa tan maravillosa! ¿Claro que eso no es para alguien tan miserable como yo"? ¿O piensas: "¡Gloria a Dios! Si Él dice que yo debería tener eso, entonces nada puede evitar que su bendición se manifieste en mi vida"?

Desgraciadamente, demasiadas personas eligen las dos primeras respuestas. Al igual que los israelitas estaban en la ribera del Jordán mirando lo que se les había prometido, nosotros con demasiada frecuencia escogemos tirar la toalla antes de que ni siquiera comience la batalla.

¿Sabías que algunos de los mayores cristianos de todos los tiempos eran abogados? Ahora bien, tendemos a burlarnos de los abogados y los políticos en nuestra cultura hoy en día, pero a lo largo de la historia, los abogados han revelado algunas de las cosas más grandes sobre Dios que hemos sabido jamás. Moisés fue "el dador de la ley" y el apóstol Pablo era un fariseo. (Los fariseos eran un grupo que estudiaba la Palabra de Dios como un libro de leyes según el cual gobernar la sociedad). Martin Lutero, quien realizó la Reforma, comenzó su carrera entrando en la facultad de derecho, al igual que hizo el gran Charles Finney. ¿Qué les hizo tan poderosos? Ellos leían sus Biblias como los abogados harían cuando estudian para preparar un caso y ponían más fe en que Dios guarda su Palabra que la que ponían en ninguna ley terrenal o promesa política. Entonces tomaban esas palabras y cargaban la atmósfera que les rodeaba de verdad bíblica. Ellos cambiaron sus mundos por medio de lo que hablaron.

Mira lo que pasó cuando Ezequiel le tomó a Dios la palabra y la pronunció a una atmósfera muerta:

> La mano del Señor vino sobre mí, y su Espíritu me llevó y me colocó en medio de un valle que estaba lleno de huesos. Me hizo pasearme entre ellos, y pude observar que había muchísimos huesos en el valle, huesos que estaban completamente secos. Y me dijo: «Hijo de hombre, ¿podrán revivir estos huesos?». Y yo le contesté: «Señor omnipotente, tú lo sabes».
>
> Entonces me dijo: «Profetiza sobre estos huesos, y diles: "¡Huesos secos, escuchen la palabra del Señor! Así dice el Señor omnipotente a estos huesos: 'Yo les daré aliento de vida, y ustedes volverán a vivir. Les pondré tendones, haré que les salga carne, y los cubriré de piel; les daré aliento de vida, y así revivirán. Entonces sabrán que yo soy el Señor'"».
>
> Tal y como el Señor me lo había mandado, profeticé. Y mientras profetizaba, se escuchó un ruido que sacudió la tierra, y los huesos

comenzaron a unirse entre sí. Yo me fijé, y vi que en ellos aparecían tendones, y les salía carne y se recubrían de piel, ¡pero no tenían vida!

Entonces el Señor me dijo: «Profetiza, hijo de hombre; conjura al aliento de vida y dile: "Esto ordena el Señor omnipotente: Ven de los cuatro vientos, y dales vida a estos huesos muertos para que revivan"». Yo profeticé, tal como el Señor me lo había ordenado, y el aliento de vida entró en ellos; entonces los huesos revivieron y se pusieron de pie. ¡Era un ejército numeroso!

Luego me dijo: «Hijo de hombre, estos huesos son el pueblo de Israel. Ellos andan diciendo: "Nuestros huesos se han secado. Ya no tenemos esperanza. ¡Estamos perdidos!". Por eso, profetiza y adviérteles que así dice el Señor omnipotente: "Pueblo mío, abriré tus tumbas y te sacaré de ellas, y te haré regresar a la tierra de Israel. Y cuando haya abierto tus tumbas y te haya sacado de allí, entonces, pueblo mío, sabrás que yo soy el Señor. Pondré en ti mi aliento de vida, y volverás a vivir. Y te estableceré en tu propia tierra. Entonces sabrás que yo, el Señor, lo he dicho, y lo cumpliré. Lo afirma el Señor"».

—EZEQUIEL 37:1-14

Cuando leas la Biblia, necesitas tomar la Palabra de Dios personalmente. Sus promesas son para su pueblo, y si tú le has entregado tu vida a Él como tu Señor y Salvador, entonces eso significa que es para TI. Habla vida a tus áreas muertas, te sorprenderás por lo que las palabras de Dios en tu boca harán por ti.

Si Dios lo ha dicho, entonces eso debería zanjarlo para nosotros.

LA BATALLA ES DEL SEÑOR

El capítulo 20 de 2 Crónicas relata la historia del rey Josafat cuando Israel se enfrentó a la invasión de una coalición de naciones dirigidas por los moabitas y los amonitas:

> Y alguien fue a informarle: «Del otro lado del Mar Muerto y de Edom viene contra ti una gran multitud. Ahora están en Jazezón Tamar, es decir, en Engadi». Atemorizado, Josafat decidió consultar al Señor y proclamó un ayuno en todo Judá...
>
> En el templo del Señor, frente al atrio nuevo, Josafat se puso de pie ante la asamblea de Judá y de Jerusalén, y dijo: «Señor, Dios de nuestros antepasados, ¿no eres tú el Dios del cielo, y el que gobierna a todas las naciones? ¡Es tal tu fuerza y tu poder que no hay quien pueda resistirte!... Dios nuestro, ¿acaso no vas a dictar sentencia contra ellos? Nosotros no podemos oponernos a esa gran multitud que viene a atacarnos. ¡No sabemos qué hacer! ¡En ti hemos puesto nuestra esperanza!»...
>
> Entonces el Espíritu del Señor vino sobre Jahaziel... Y dijo Jahaziel: «Escuchen, habitantes de Judá y de Jerusalén, y escuche también Su Majestad. Así dice el Señor: "No tengan miedo ni se acobarden cuando vean ese gran ejército, porque la batalla no es de

Ponte de acuerdo con lo que Dios ya ha dicho en su Palabra sobre ti y tu situación. Tienes que entender la Palabra de Dios al respecto. Después llena tu atmósfera con sus promesas sobre el asunto.

ustedes sino mía... Al día siguiente, madrugaron y fueron al desierto de Tecoa. Mientras avanzaban, Josafat se detuvo y dijo: «Habitantes de Judá y de Jerusalén, escúchenme: ¡Confíen en el Señor, y serán librados! ¡Confíen en sus profetas, y tendrán éxito!».

Después de consultar con el pueblo, Josafat designó a los que irían al frente del ejército para cantar al Señor y alabar el esplendor de su santidad con el cántico: «Den gracias al Señor; su gran amor perdura para siempre».

Tan pronto como empezaron a entonar este cántico de alabanza, el Señor puso emboscadas contra los amonitas, los moabitas y los del monte de Seír que habían venido contra Judá, y los derrotó.

En lugar de temer, Josafat entendió el plan de Dios y lo puso en acción; tomó la palabra a Dios de que la batalla era de Él. Entonces celebraron la salvación de Dios antes de siquiera verla. Llenaron su atmósfera de alabanza y adoración, cargando el aire del poder y la provisión de Dios, y cuando vieron a sus enemigos, ellos ya estaban derrotados.

Ponte de acuerdo con lo que Dios ya ha dicho en su Palabra sobre ti y tu situación. Tienes que entender la Palabra de Dios al respecto. Después llena tu atmósfera con sus promesas sobre el asunto.

Mantengamos firme la esperanza que profesamos, porque fiel es el que hizo la promesa.

—HEBREOS 10:23

Capítulo Cinco

TÚ PUEDES CAMBIAR EL CURSO DE TU DESTINO

Un hombre tarde o temprano descubre que es el jardinero jefe de su alma, el director de su vida.[1]

—James Allen

COMO APRENDIMOS DE HEBREOS 11:3, CUALQUIER cosa que puedes ver fue hecho de lo que no se veía. Este es un concepto sorprendente y es lo que hace que las verdades bíblicas sobre la realidad espiritual sean tan fascinantes. No hay nada que exista actualmente y que no haya sido nunca. Eso significa que cualquier cosa que puedas experimentar con tus cinco sentidos fue "nacido" de la esfera espiritual, fue hecho manifiesto por el poder de Dios, y ese mismo poder es el que obra en ti y por medio de ti. Digo "hecho manifiesto" porque es así como la creación funciona. Al saber que hay una causa para todo efecto, sabemos que algo "es" porque ha sido "nacido". Sin que una cosa sea concebida en la mente y pronunciada —sin llamar a las cosas que no son como si fuesen (Romanos 4:17)—, nada de lo que existe existiría.

Esto podría sonar místico y de la Nueva Era, pero el principio de que pensamiento y palabra dan forma a la realidad se encuentra desde el primer libro de la Biblia hasta el último. Está en la historia de la Creación. Está en el nuevo cielo y la nueva tierra que han de llegar.

Dios creó el mundo tangible y lo temporal pronunciándolo. Él dio forma a lo que los físicos han venido a denominar "sustancia" —la "naturaleza esencial", como dice el diccionario *Webster's*, que constituye el mundo invisible— cambiando la composición de la energía bruta con el poder de sus decretos y declaraciones. Dios no dio nacimiento al mundo de la nada; en cambio, Él hizo que todo existiera de materia que ya existía en el interior de Él mismo.

> Porque por medio de él fueron creadas todas las cosas en el cielo y en la tierra, visibles e invisibles... todo ha sido creado por medio de él y para él. Él es anterior a todas las cosas, *que por medio de él forman un todo coherente.*
> —COLOSENSES 1:16-17, ÉNFASIS AÑADIDO

La raíz latina de *creación* es literalmente "dar a luz". Mediante el poder de sus pensamientos y palabras, Dios "dio a luz" a lo que estaba en Él en el mundo físico.

Por tanto, en lugar de pensar en el proceso de creación como hacer algo de la nada, para nuestro beneficio deberíamos pensar en ello como darle un toque a una fuente ilimitada de energía en la esfera espiritual para dar a luz a lo que hemos imaginado como posible. Dios puso en movimiento el universo cambiando su intención, enfocando sus pensamientos y utilizando sus palabras. Aunque a un menor grado, nosotros creamos nuestro universo personal de la misma manera.

LA CIENCIA DE LA FE

Invisible para nuestros ojos son las moléculas de hidrógeno y oxígeno, sin embargo, mediante una reacción química se vuelven una sustancia visible llamada agua. Lo mismo sucede con el sodio y el cloruro cuando se unen para formar la sal de mesa. En esta esfera física, o química, Dios puso en movimiento estos procesos invisibles en la Creación para responder continuamente a su palabra a fin de formar sustancias visibles que se añaden a nuestra vida. Él ha hecho lo mismo en la esfera espiritual. Cada momento de cada día estamos rodeados de "moléculas" espirituales diseñadas para responder a nuestros pensamientos e intenciones —o dicho más bíblicamente, nuestra fe— para producir milagros. Como dice la Escritura: "Ésta es la victoria que vence al mundo: nuestra fe" (1 Juan 5:4). Todo lo que necesitas para la victoria ya existe, pero existe en otra forma. Ya que la esfera espiritual es la esfera causal, entonces tu milagro está siempre en movimiento, ¡sólo necesitas hacer que se manifieste! Sin embargo, al igual que puedes hacerlo nacer con tus pensamientos y palabras llenas de fe, también puedes detenerlo pronunciando tu duda y quedándote en la incredulidad.

> **Dios puso en movimiento el universo cambiando su intención, enfocando sus pensamientos, y utilizando sus palabras. Aunque a un menor grado, nosotros creamos nuestro universo personal de la misma manera.**

Veamos el ejemplo que Jesús nos dio cuando Él hizo su milagro de la multiplicación en Mateo 14:19-20:

> Y mandó a la gente que se sentara sobre la hierba. Tomó los cinco panes y los dos pescados y, mirando al cielo, los bendijo. Luego partió los panes y se los dio a los discípulos, quienes los repartieron a la gente. Todos comieron hasta

quedar satisfechos, y los discípulos recogieron doce canastas llenas de pedazos que sobraron.

Jesús multiplicó los panes y los peces hablándoles y bendiciéndolos. Él levantó sus ojos al cielo y pronunció una bendición. El verbo para *bendecir* aquí significa "invocar la presencia de Dios" al igual que "infundir la provisión de Él a una cosa". Él invocó la presencia de Dios y los panes y los peces "nacieron" o fueron "hechos manifiestos" —Jesús afectó las "moléculas" espirituales lo suficiente para causar que aparecieran milagrosamente panes y peces—, pero habían estado ahí todo el tiempo en la esfera espiritual.

LAS PROMESAS DE DIOS VIENEN MEDIANTE LA FE Y LA PERSISTENCIA

En Daniel 10:12 leemos sobre el ángel que vino como resultado de las palabras de Daniel:

> No tengas miedo, Daniel. Tu petición fue escuchada desde el primer día en que te propusiste ganar entendimiento y humillarte ante tu Dios. En respuesta a ella estoy aquí.

Cuando Daniel oró, Dios envió la respuesta de inmediato, pero había fuerzas que evitaban que se manifestase enseguida. Leemos en el versículo siguiente la explicación que el ángel da del retraso: "Durante veintiún días el príncipe de Persia se me opuso" (v. 13). Al igual que Daniel había persistido en oración, el ángel había persistido en su guerra. Aunque Daniel no vio ninguna señal de que la respuesta se manifestara durante todo ese tiempo, estaba en movimiento. Finalmente llegó a existir porque

Daniel nunca dejó de orar y decretar. La respuesta llegó porque Daniel se mantuvo firme en su fe y su confesión. Recuerda: siempre hay fuerzas obrando que prohíben que tu respuesta se manifieste. Si tú no saboteas tus oraciones con pensamientos y palabras negativas, entonces finalmente tus ojos verán la sustancia de aquello que has esperado, al igual que hizo Daniel.

Necesitas entender que hay leyes de incubación y manifestación que gobiernan tu milagro. Sólo porque un bebé esté oculto dentro de su madre durante nueve meses no significa que no esté ahí; el embrión una vez concebido debe pasar por un periodo de incubación antes de que se produzca la manifestación. Del mismo modo, una semilla es enterrada en la tierra y pueden pasar semanas sin que haya ningún cambio obvio antes de que brote y después meses más antes de que dé fruto.

Muchas veces declaramos una cosa y después perdemos la paciencia, ¡porque no se manifiesta como las palomitas de maíz en el microondas! Necesitamos entender que, cuando no se produce inmediatamente, podemos anular lo que hemos puesto en movimiento si escogemos pronunciar palabras de desánimo en lugar de palabras llenas de fe. Sólo porque no veamos ocurrir una cosa en cierto periodo de tiempo no significa que nunca vaya a ser o que no sea voluntad de Dios. ¿Recuerdas cómo Josué pronunció una palabra y pasaron seiscientos años antes de que se manifestase esa palabra en particular? A veces se necesita un periodo de tiempo. Necesitamos creer y hablar como si estuviera llegando hoy, pero permanecer fuertes y persistentes en nuestra fe aun si pasan décadas.

Las palabras no sólo desaparecen una vez que son liberadas a la atmósfera; permanecen ahí latentes, incubándose hasta que llega el momento en que dan fruto.

Podría ser que sean activadas por otra persona que desencadenará un catalizador en la esfera del espíritu a fin de que se haga manifiesto lo que tú estás esperando. Podría ser que haya fuerzas que se oponen y que requieren tu perseverancia, como fue el caso de Daniel. Podría haber cierto número de cosas que retrasen lo que Dios quiere para ti, pero Dios lo hizo sencillo: a pesar del *porqué*, necesitas mantener alineados tus pensamientos, tus palabras y tu fe con lo que estás esperando, y entonces confiar en que Dios se ocupe del resto.

Muchas personas liberan a la atmósfera palabras descuidadas y no pueden explicarse por qué la vida que Dios les ha prometido no está sucediendo del modo en que esperaban que lo hiciera. La Escritura nos ha revelado que todo en el universo tiene que ajustarse para acomodarse a nuestras palabras, sean buenas o malas, con propósito o errantes (ver Proverbios 13:3; 18:21; 21:23). Por eso leemos en Mateo 12:36 que toda palabra ociosa —palabras sin asignación del reino— serán llevadas a juicio. Te pedirán cuentas por cada palabra ociosa, pero también serás recompensado por cada palabra llena de fe.

EL PODER DEL PERMISO PROACTIVO

Cuando Dios hizo la declaración: "Que haya luz", realmente estaba diciendo: "Yo permito que sea la luz". Él estaba dando a la luz, tirando de sus arreos para existir en el espíritu, permiso para manifestarse en el mundo físico. Debemos entender que hay fuerzas espirituales prohibitorias obrando para evitar que esas cosas ocurran. Hay ángeles caídos que causan desvíos a lo que Dios originalmente quiso obrar en contraste con lo que Dios quiere para tu vida; operan de modo muy parecido a los ángeles celestiales con la tarea de producir la manifestación de tus oraciones, sólo que del modo contrario. Según la Escritura, las fuerzas demoníacas fueron anteriormente ángeles a los que se les había asignado la misma tarea original de responder a los mandatos activados por la voz, pero cuando cayeron del cielo, su misión se pervirtió. Por tanto, en lugar de traer las respuestas, ellos prohíben que las respuestas se manifiesten. Tu fe atrae la atención de los ángeles del cielo para obrar por ti, mientras que tu temor atrae a los demonios del infierno para obrar en contra de ti. Tus palabras se convierten en el imán que atrae al cielo o al infierno a tu situación.

Recuerda siempre que ninguna fortaleza es más poderosa que la Palabra de Dios hablada. La Biblia dice que hay poder de vida y muerte en la lengua (Proverbios 18:21). Es la palabra de Dios que sale de tu boca la que atrae todos los recursos del cielo a tu situación (ver Mateo 18:18). En su libro *Live a Praying Life*, Jennifer Kennedy Dean escribe: "En respuesta a nuestras oraciones, fortalezas espirituales son puestas en movimiento que traen la voluntad de Dios a la tierra. La oración tiene su primer efecto en la esfera espiritual. Cuando la obra es consumada en la esfera espiritual, la respuesta es revelada en la esfera material".[2]

John Wesley dijo en una ocasión: "Parece que Dios está limitado por nuestra vida de oración; que Él no puede hacer nada por la humanidad a menos que alguien se lo pida".[3] A lo largo de la Biblia aprendemos que Dios no puede intervenir en la tierra a menos que alguien dé permiso para que la respuesta exista en el mundo material. Las respuestas son retenidas en los lugares celestiales y guardadas en la esfera del espíritu hasta que haya una persona capaz de agarrar la frecuencia correcta y actuar como conducto para desatar la voluntad de Dios en la tierra.

Esto está ilustrado por la experiencia de Jacob en el libro de Génesis. Dios le dio a Jacob una visión en la que él vio una escalera que subía al cielo, la parte de arriba de la escalera tocaba el cielo y la de abajo tocaba la tierra. Había ángeles que ascendían y descendían, muy parecido a ondas de radio que se mueven por una antena. Así es exactamente como funciona la inspiración divina. Aquí Dios estaba hablando a la mente de Jacob y capacitándolo para que sintonizara una frecuencia espiritual. Cuando él sintonizó esa frecuencia, vio cómo la esfera invisible se manifestaba en la esfera visible.

A veces, nuestros pensamientos son como esas frecuencias. Jacob vio una escalera y esa era la tecnología moderna de su época. Pero en el siglo XXI, él podría haber visto una computadora sin cables o un teléfono celular. Jacob pudo captar un destello de una autopista espiritual. Yo creo que esas autopistas son nuestros pensamientos —es donde sintonizamos inspiración—; esos pensamientos inspiracionales parecen como si surgieran de la nada, pero realmente están circulando en la esfera del espíritu.

Dios le dio a Moisés una visión del tabernáculo celestial; le dio a Moisés una visión de algo que ya existía en el cielo: el tabernáculo espiritual real. Dios abrió los ojos de Moisés y él pudo verlo y replicarlo aquí en la tierra. Las cosas secretas pertenecen a Dios, pero las cosas que son reveladas pertenecen al hombre (ver Deuteronomio 29:29). Es un punto de revelación —un punto de inspiración— donde Dios quiere hablarnos a todos. Él dijo: "Porque yo sé los pensamientos que tengo acerca de vosotros... pensamientos de paz, y no de mal, para daros el fin que esperáis" (Jeremías 29:11, RV60). Él conoce el fin desde el principio, y conoce todo lo que hay entremedias, y esas son las cosas que Él quiere revelarte.

AGARRAR EL VOLANTE

En Job 38 Dios le hace a Job una serie de preguntas. En un punto, Dios pregunta: "¿Dónde estabas… mientras cantaban a coro las estrellas matutinas?" (vv. 4, 7). Más adelante, pregunta: "¿Alguna vez en tu vida le has dado órdenes a la mañana?" (v. 12). En cierto sentido, Dios le pregunta a Job: "¿Has pensado en hablarle a tu mañana y darle órdenes a tu día?".

La Biblia dice:

> Ningún ojo ha visto, ningún oído ha escuchado, ninguna mente humana ha concebido lo que Dios ha preparado para quienes lo aman.
>
> —1 Corintios 2:9

Si esas cosas están preparadas, pero no las hemos recibido, podría significar que no hemos hecho nuestra parte para darlas a luz. Piensa en Abraham dando un paso de fe en obediencia a Dios.

Dios dijo que Él quería que Abraham sacrificase su tesoro más preciado: su hijo Isaac. A medida que avanzaban hacia el lugar del sacrificio, y cuando Abraham levantó su mano para ejecutar las instrucciones de Dios, allí apareció un carnero enredado en los arbustos. Dios proveyó la alternativa, pero no hasta que Abraham se movió en obediencia. La provisión no habría aparecido si Abraham no hubiera dado el primer paso. Muchas veces Dios está esperando el acto correspondiente por nuestra parte

"¿Alguna vez en tu vida le has dado órdenes a la mañana?" (Job 38:12). En cierto sentido, Dios le pregunta a Job: "¿Has pensado en hablarle a tu mañana y darle órdenes a tu día?".

a fin de hacer que esas cosas se produzcan. ¿Qué estás haciendo para prepararte para lo que has estado declarando y creyendo? ¿Cómo se corresponden tus actos con tu creencia en que cierto acontecimiento sucederá como resultado de la integridad de la Palabra de Dios?

En Deuteronomio 28:1-14 Dios declara una larga lista de bendiciones que resultarán si prestas atención a su voz. Al igual que Dios declara una cosa, Él espera que tú, como rey y sacerdote, hagas lo mismo. Otro modo de decirlo es que sus bendiciones son activadas por la voz. Escucha lo que está escrito en Job 22:27-28:

> Cuando ores, él te escuchará,
> y tú le cumplirás tus votos.
> Tendrás éxito en todo lo que emprendas,
> y en tus caminos brillará la luz.

"Orar" significa "construir". Tú vas a construir tus oraciones; tú vas a decretar los deseos que Dios haya puesto en tu corazón. Tú eres real sacerdocio adornado con una unción de rey. Un rey no pide nada; un rey declara sus decretos, porque tiene esa autoridad y quienes están en su mundo se apresuran a asegurarse de que se cumplan.

Nunca pienses que eres una víctima débil y derrotada. Se ordena a los débiles que declaren su fortaleza: "Diga el débil: Fuerte soy" (Joel 3:10, RV60). Nunca subestimes la fuerza que reside en ti por medio de Cristo. Tú dispones de una capacidad para cambiar el curso de tu destino con el que los grandes héroes del Antiguo Testamento sólo podían soñar.

Piensa por un momento en cómo los patriarcas de Israel intentaron cambiar la trayectoria de sus vidas o de su nación:

- Jacob luchó.
- Lot preguntó.
- Moisés intervino.
- David se arrepintió.
- Salomón pidió.
- Daniel ayunó.

Ellos se esforzaron, rogaron y lucharon para que lo correcto influenciase su destino, un destino que a ti se te ha dado el privilegio de moldear simplemente dando la palabra. Asegúrate de que al tomar el mando, te estés dirigiendo por el camino correcto guardando tu corazón con diligencia y permaneciendo en el curso del cielo.

Por sobre todas las cosas cuida tu corazón, porque de él mana la vida.

—Proverbios 4:23

Capítulo Seis

LA IMPORTANCIA DE ORDENARLE A TU DÍA

Si amas la vida economiza el tiempo, porque de tiempo se compone la vida.[1]

—Benjamin Franklin

*T*U FUTURO LLEGA DÍA A DÍA: ES EL PRESENTE DE Dios para ti. Cada momento de cada día, con todos tus pensamientos y toda palabra que hablas, estás tomando una decisión de avanzar, o bien hacia la grandeza o hacia la oscuridad. Si quieres aprovechar al máximo cada oportunidad que se te da —si quieres llegar a ser el canal de gloria y honor de Dios preparado para toda buena obra—, debes aprender a aprovechar, y después maximizar, el potencial de tus pensamientos y tus palabras. Debes crear una mentalidad de realeza sacerdotal practicando nobles hábitos de pensamiento y disciplinando tu lengua para pronunciar palabras llenas de éxito si has de convertirte en el campeón que Dios te creó para que fueses.

Se te ha dado la oportunidad de crear una obra maestra de tu vida. Mientras que tus pensamientos son los colores que utilizas para pintar el fondo, tus palabras son los pinceles que utilizas para añadir cada detalle. Sin embargo, para hacer de ese cuadro la bella obra maestra que Dios ha planeado que sea, debes tener claro cómo deberían ser esos colores y detalles. Como aprendiste en

Se te ha dado la oportunidad de crear una obra maestra de tu vida. Mientras que tus pensamientos son los colores que utilizas para pintar el fondo, tus palabras son los pinceles que utilizas para añadir cada detalle.

el anterior capítulo, es Dios quien ha precreado con todo detalle el espectacular tapiz de tu vida. Tu tarea es descubrir cómo es y tejerlo para que se haga una realidad. Al igual que un receptor inalámbrico, puedes conectarte con el cielo y bajar ese esquema de la esfera espiritual a tu experiencia real en la vida.

Pero hay aún más en esta historia. No puedo enseñar sobre la mecánica de la creatividad sin enseñar sobre las dinámicas del orden. Belleza y creatividad son productos de la claridad y la organización. Debemos ser intencionales y determinados con el modo en que utilizamos todos los recursos que tenemos a nuestra disposición. Efesios 5:15-17 nos da una clave fundamental con respecto a este principio:

Así que tengan cuidado de su manera de vivir. No vivan como necios sino como sabios, aprovechando al máximo cada momento oportuno, porque los días son malos. Por tanto, no sean insensatos, sino entiendan cuál es la voluntad del Señor.

La clave para aprovechar al máximo cada oportunidad es agarrarse firmemente a la voluntad del Señor. Por eso es vitalmente importante renovar tu mente continuamente con la Palabra de Dios. Debes alinear diariamente tus pensamientos y palabras con los de Dios. Jesús nos dio una clave fundamental para ordenar exitosamente a cada una de nuestras situaciones cuando nos dijo en Juan 15:7:

"Si permanecen en mí y mis palabras permanecen en ustedes, pidan lo que quieran, y se les concederá". Por eso Dios nos enseña que meditemos en la "palabra de Dios, la cual actúa en ustedes los creyentes" (1 Tesalonicenses 2:13). La Palabra de Dios es vida y salud para aquellos que la hallan (ver Proverbios 4:20-22).

APLICAR SABIDURÍA

Una de las cosas más sabias que podemos hacer es vivir la vida con propósito. Se nos dice en la Escritura que redimamos el tiempo (Efesios 5:16). Hemos de ser deliberados con el modo en que ordenamos nuestros días y empleamos nuestro tiempo. A todo el mundo en el universo se le ha dado la misma cantidad de tiempo: todos tenemos veinticuatro horas al día, sea que vivamos en la Casa Blanca o en un gueto. Lo que hagamos con esas veinticuatro horas determina lo que logremos en nuestra vida. Una vez oí decir que el tiempo es la manera que Dios tiene de evitar que todo suceda a la misma vez. Todos nosotros debemos aprender el arte de ordenar nuestro día.

En el Salmo 90:12, Moisés hizo esta petición: "Enséñanos a contar bien nuestros días, para que nuestro corazón adquiera sabiduría". Hemos de tomar en cuenta cada día y no desperdiciar el tiempo que tenemos. La sabiduría redime el tiempo y aprovecha al máximo cada oportunidad. Todos hemos oído la famosa ocurrencia de Benjamin Franklin: "Acostarse temprano y levantarse temprano hace

A todo el mundo en el universo se le ha dado la misma cantidad de tiempo: todos tenemos veinticuatro horas al día, sea que vivamos en la Casa Blanca o en un gueto.

al hombre sano, rico y sabio".[2] Parece simple, pero desperdiciar el tiempo, aunque aparentemente inofensivo, es una de las herramientas más eficaces del enemigo para mantener al Cuerpo de Cristo "lejos de la tarea". En una época de ahorrar tiempo y de electrodomésticos modernos como lavadoras automáticas y hornos microondas, también tenemos importantes "agotadores de tiempo" como la televisión y la Internet. ¿Qué habría pensado Ben Franklin sobre las multitudes que se quedan hasta altas horas de la noche viendo televisión por cable, cambiando de canales de anuncio en anuncio, porque están demasiado cansados para irse a la cama?

Ordenar nuestros días requiere la capacidad de establecer prioridades; requiere la capacidad de discernir lo que es un ajetreo que distrae y lo que son actividades del reino. Un manejo efectivo del tiempo requiere conocer el corazón de Dios con respecto a aquello en lo que vale la pena "invertir" tiempo, contrariamente a aquello en lo que no deberíamos "emplear" o hasta "desperdiciar" tiempo. Como con cualquier inversión financiera, debes preguntarte qué tipo de beneficios están produciendo tus inversiones de tiempo. El tiempo "empleado" es un costo; y debes tener presente el beneficio que estás intercambiando por el costo en que estás incurriendo.

DIOS ES UN DIOS DE ORDEN

Experimentamos que Dios es un Dios de orden por la coherencia de las estaciones, las mareas y las órbitas solares. Podemos ordenar nuestras vidas porque sabemos con qué precisión el sol se pondrá y volverá a salir; cómo cambiarán las estaciones del año, cómo serán las mareas, y cómo rotarán los planetas sobre sus ejes. Hay una cadencia y un ritmo en nuestras vidas debido al orden que Dios ha puesto en su lugar en el universo en el cual estamos suspendidos y en la naturaleza en la cual vivimos. Desde los ecosistemas hasta los sistemas solares, Dios ha puesto en movimiento patrones que podemos estudiar y documentar mediante lo que denominamos ciencia.

Dios proporcionó el ejemplo definitivo de administración del tiempo y de orden en el libro de Génesis. En seis días Él creó la tierra y todo lo que hay en ella, y el séptimo día descansó. Todo fue según el plan. Hubo un orden en cuanto a cuándo y cómo creó Él: una sucesión y progresión en cuanto a cómo desarrolló Él cada organismo y cada especie. Dios no desperdició sus recursos, especialmente su tiempo. Él fue determinado y conciso cuando desplegó vida en nuestro planeta.

Veamos a Noé, José, Moisés y David. Todos ellos fueron hombres de honor y orden. Eran disciplinados y dedicados, y se sometieron a los mandamientos de Dios. Fueron fuertes y valientes porque entendieron el poder de una jerarquía y autoridad divina. Siguieron órdenes, conociendo el poder que tenían a su disposición al someterse a Dios. Hasta Salomón entendió la importancia del orden cuando siguió meticulosamente las instrucciones de Dios y su cadena de mando al construir el templo. Leemos en 2 Crónicas 8:16: "Toda la obra de Salomón se llevó a cabo, desde el día en que se echaron los cimientos del templo hasta que se terminó de construirlo. Así el templo del Señor quedó perfectamente terminado". En el Nuevo Testamento, Pablo nos insta con respecto a la iglesia de Dios: "Pero todo debe hacerse de una manera apropiada y con orden" (1 Corintios 14:40).

El orden es una condición en la cual se mantiene la libertad del desorden o la interrupción mediante estructuras, sistemas y protocolo. Siempre que hay una falta de orden, rango o cadena de mando; siempre que el protocolo no está presente; o siempre que un código de conducta no se percibe o se entiende, produce vacío, falta de propósito y significado. Si tu vida se caracteriza por confusión, conflicto, frustración o falta de dirección, significado, o perspectiva, es una indicación de que eres deficiente en el área del orden. Donde no hay orden no hay luz:

Al país de la más profunda de las noches,
al país de las sombras y del caos,
donde aun la luz se asemeja a las tinieblas.

—JOB 10:22

Hasta que decidas revertir el perpetuo ciclo de desorden, continuarás experimentando ciclos de derrota y fracaso. Este principio está ilustrado por la ley de la entropía: la tendencia que la energía tiene a disiparse y pasar de un estado de orden a otro de desorden. La entropía puede definirse como una dispersión de energía. A menos que aproveches intencionadamente el tiempo y la energía, a menos que la ordenes con la autoridad que se te ha dado, tu vida se disolverá en un estado de caos, y nunca experimentarás la vida de significado y fruto que Dios quiere para ti. No sólo dejes que sucedan cosas; haz que sucedan cosas.

TOMA CONTROL DE TU DÍA

No te pierdas las recompensas del tiempo bien administrado. El orden es lo que te da la libertad de ser creativo. El orden te da la paz mental que necesitas para sintonizar con las frecuencias sobrenaturales de Dios y conectar con la inspiración divina. Sin orden serás distraído por las ocupaciones y preocupaciones de esta vida de modo que no puedes aquietar tu mente para oír la voz de Dios. Es imposible imaginar y prever cuando estás desbordado y estresado. Necesitas programar el tiempo para pintar intencionadamente el lienzo de tu vida invirtiendo en sueños creativos. Detente para pensar. Ordena tu día de modo que tengas el tiempo y la paz que necesitas para crear la obra maestra que Dios ha ordenado de antemano para ti.

Al igual que cualquier compositor, artista, arquitecto, escritor o programador profesional, debes programar tiempo para pensar en las cosas. La forma sigue al pensamiento y la forma que tiene tu vida es un producto de ese pensamiento. Estructura tu tiempo de modo que puedas estructurar tus pensamientos, porque ellos proporcionan la estructura para tu vida. Debes saber cuándo agarrar una idea y correr con ella y cuándo esperar y dejarla madurar hasta que esté madura. Consigue el momento apropiado de Dios. Discierne el orden de Dios.

Un agricultor prepara diligentemente su campo, ara el suelo en filas rectas y planta su semilla en esas líneas rectas según su clase. Él sabe lo que ha plantado y continúa labrando, cultivando, podando y fertilizando hasta que la cosecha está lista. Hasta para recoger una cosecha abundante debe pensar, pues si no destruirá aquello por lo que ha trabajado tanto. Para maximizar la producción de su trabajo, él con cuidado recoge, reúne y almacena su producción. Aunque Dios da el crecimiento, nosotros debemos vigilar continuamente lo que hemos plantado para protegerlo y cosecharlo en el momento apropiado. No subestimes la importancia y las recompensas de hacer las cosas con cuidado y en orden. Así es como logramos excelencia y nos convertimos en personas de virtud. El honor y el orden están estrechamente relacionados. Si ordenas bien tu conducta, Dios se deleitará en ti y te mostrará su salvación. Por el contrario, si te deleitas en el Señor, Él ordenará tus pasos.

Y al que ordenare su camino, le mostraré la salvación de Dios.

—SALMO 50:23, RV60

El Señor afirma los pasos del hombre cuando le agrada su modo de vivir.

—SALMO 37:23

Las recompensas del orden son muchas. Puede parecer una tarea abrumadora, si no agotadora, establecer un grado más alto de orden en tu vida. Puede que eso parezca imposible si sientes que ya estás sobrepasado, pero tomar tiempo para ordenar tu día no debería ser una carga adicional o un "quehacer" más en tu lista de obligaciones y responsabilidades. El orden aliviará tu carga y liberará tu mente para una mayor paz, gozo y creatividad. Echa un vistazo a esta breve lista de beneficios que cosecharás al ordenar tu día de modo más efectivo:

- Sentimiento de control
- Sentimiento de propósito
- Aumento en la productividad
- Un ambiente de creatividad
- Mayor enfoque y flujo de logros
- Fuerza para derrotar a esas pequeñas zorras que echan a perder la viña (Cantares 2:15).

CULTIVAR CLARIDAD

Puede que mires tu vida y te preguntes si es posible eliminar la nube de caos que parece ejercer dominio sobre ti. Hay dos cosas sencillas que puedes hacer para avanzar hacia cielos más claros. En primer lugar, ordena tu espacio. Ya sea en casa o en la oficina, ordena el espacio que te rodea. Cuando hayas ordenado tu escritorio o tu cuarto, dondequiera que estés, detente un instante y ordena tu mente. Haz una pausa y aquieta tus pensamientos para poder obtener claridad sobre aquello en lo que es importante que te enfoques en tu momento presente.

No esperes hasta que cada área de tu espacio exterior esté completamente organizada, sino crea bolsas de orden donde puedas aclarar tu mente y ordenar tus pensamientos. Tu espacio inmediato y las atmósferas que crees harán mucho para mejorar el orden que seas capaz de establecer en tu esfera de influencia. Practica el aclarar tu mente mediante escribir un diario o meditar en la Escritura. Encuentra un espacio donde puedas dar paso a la paz de Dios aquietando tu mente mediante la adoración. Aparta las distracciones que intentan hacerse camino y entrar en tu santuario interior poniendo sobre papel listas y planes para hacerlos más adelante. Acorrala todos los malos pensamientos en un pedazo de papel donde puedan quedarse hasta que estés preparado para abordarlos.

Cuando estés preparado, echa cada ansiedad sobre el Señor una por una, sabiendo que Dios oye tus oraciones y se ocupa de que su Palabra se cumpla. Jesús dijo: "Cualquier cosa que ustedes pidan en mi nombre, yo la haré; así será glorificado el Padre en el Hijo. Lo que pidan en mi nombre, yo lo haré" (Juan 14:13-14). Y Juan nos alentó al escribir: "Ésta es la confianza que tenemos al acercarnos a Dios: que si pedimos conforme a su voluntad, él nos oye. Y si sabemos que Dios oye todas nuestras oraciones, podemos estar seguros de que ya tenemos lo que le hemos pedido" (1 Juan 5:14-15).

Quédate quieto y reconoce que Él es Dios (ver Salmo 46:10). Enfócate en hacer lo que sabes que deberías hacer, y deja que Dios haga su parte sin dudar de si Él lo hará o no.

EL ORDEN LLEGA TEMPRANO

Dios se levanta temprano. La Biblia está llena de referencias a que sus profetas y santos se levantaban temprano para orar o para oír la voz de Dios. Dios es muy conocido por despertar a sus seguidores temprano en la mañana para darles instrucciones, percepciones o advertencias. Quienes buscan ser usados por Dios deben estar dispuestos a levantarse temprano. Los soldados están siempre alerta y preparados para responder a las órdenes. La corneta toca temprano porque las batallas se ganan mediante los preparativos realizados en las primeras horas del día; especialmente las batallas espirituales. Aprende a amar el amanecer, ¡porque hay poder en la salida del Lucero de la mañana (ver 2 Pedro 1:19)!

Sin embargo, orar temprano no sólo se refiere a la hora del día, sino que también se refiere a orar mucho antes de que algo suceda, antes de que una situación se intensifique y quede fuera de tu control. Parte de orar proactivamente en lugar de hacerlo reactivamente es orar temprano.

Aprende a amar el amanecer, ¡porque hay poder en la salida del Lucero de la mañana!

A lo largo del Antiguo y el Nuevo Testamento se nos dan lecciones sobre la importancia de orar temprano. Orar temprano es un principio del reino. Escucha cómo el Señor reprendió a Jeremías; "Aunque os hablé desde temprano y sin cesar, no oísteis, y os llamé, y no respondisteis" (Jeremías 7:13, RV60). Se nos dice en Mateo 20:1: "Así mismo el reino de los cielos se parece a un propietario que salió de madrugada a contratar obreros para su viñedo".

En Isaías leemos:

> Todas las mañanas me despierta, y también me despierta el oído, para que escuche como los discípulos.
>
> —ISAÍAS 50:4-5

Dios, el Estratega maestro, capacitó a Moisés en la mañana temprano. Una ofensiva eficaz se establece temprano, así que Dios ordenó a Moisés "madrugar al día siguiente, y salirle al paso al faraón para advertirle: Así dice el Señor y Dios de los hebreos: 'Deja ir a mi pueblo para que me rinda culto'" (Éxodo 9:13). Y en Éxodo 24:4 leemos:

Moisés puso entonces por escrito lo que el Señor había dicho. A la mañana siguiente, madrugó y levantó un altar al pie del monte, y en representación de las doce tribus de Israel consagró doce piedras.

Dios habla a sus siervos y por medio de ellos temprano.

En 2 Crónicas, Dios promete a los israelitas victoria contra sus enemigos. Les dice que no tengan temor de las grandes multitudes, porque Él peleará la batalla por ellos. Les ordena a los israelitas que se posicionen y se mantengan firmes. El Señor les dice: "¡No tengan miedo ni se acobarden! Salgan mañana contra ellos, porque yo, el Señor, estaré con ustedes" (2 Crónicas 20:17).

> Al día siguiente, madrugaron y fueron al desierto de Tecoa. Mientras avanzaban, Josafat se detuvo

y dijo: «Habitantes de Judá y de Jerusalén, escúchenme: ¡Confíen en el Señor, y serán librados! ¡Confíen en sus profetas, y tendrán éxito!».

—2 CRÓNICAS 20:20

Ellos se levantaron temprano y comenzaron a cantar y alabar al Señor. Mientras cantaban alabanzas a Dios, el Señor causó confusión entre el campamento enemigo, y sus enemigos se enfrentaron los unos a los otros hasta que todos ellos quedaron totalmente destruidos. Los israelitas pasaron los tres días siguientes llevándose el botín que había quedado.

Cosas buenas suceden a aquellos que se levantan temprano y alaban a Dios.

Escucha las palabras del campeón de Dios: David:

¡Despierta, alma mía!
¡Despierten, arpa y lira!
¡Haré despertar al nuevo día!

—SALMO 57:8

Dios, Dios mío eres tú;
De madrugada te buscaré.

—SALMO 63:1, RV-60

El Señor dijo que David era un hombre conforme a su corazón. La Biblia dice que David fue el mayor guerrero, rey, poeta y profeta de Israel. Él fue uno de los personajes de la Escritura más apasionados e intencionados, y dejó un duradero legado de victoria, sabiduría e importancia. ¿Qué puso aparte a David? ¿Qué hizo que David se convirtiera en un perdurable héroe de la fe? Él se levantaba temprano para buscar al Señor.

Pero David no fue el único amado de Dios que se levantaba temprano. Jesús, en quien Dios dijo que tenía complacencia, habitualmente madrugaba para orar: "Muy de madrugada, cuando todavía estaba oscuro, Jesús se levantó, salió de la casa y se fue a un lugar solitario, donde se puso a orar" (Marcos 1:35). Si el Señor Jesucristo tenía que madrugar para orar, ¿cuánto más deberíamos nosotros comenzar nuestro día en oración?

Los primeros cristianos, a quien Cristo mismo enseñó, madrugaban para oír la Palabra de Dios. En Lucas 21:38 leemos: "Y toda la gente madrugaba para ir al templo a oírlo". Y en Juan 8:2 leemos: "Al amanecer se presentó de nuevo en el templo. Toda la gente se le acercó, y él se sentó a enseñarles".

Esta práctica continuó en la Iglesia primitiva. Después de ser encarcelados, un ángel del Señor indicó a los apóstoles: "«Vayan —les dijo—, preséntense en el templo y comuniquen al pueblo todo este mensaje de vida». Conforme a lo que habían oído, al amanecer entraron en el templo y se pusieron a enseñar" (Hechos 5:20-21).

Dios quiere dar un arranque profético a tu día. Escucha el anhelo del corazón de Dios en Jeremías 35:14-15 (RV60):

> Y yo os he hablado a vosotros desde temprano y sin cesar, y no me habéis oído. Y envié a vosotros todos mis siervos los profetas, desde temprano y sin cesar, para deciros: Volveos ahora cada uno de vuestro mal camino, y enmendad vuestras obras, y no vayáis tras dioses ajenos para servirles, y viviréis en la tierra que di a vosotros y a vuestros padres; mas no inclinasteis vuestro oído, ni me oísteis.

Y escucha esta advertencia que se encuentra en 1 Crónicas:

> Ni nosotros consultamos al Señor nuestro Dios, como está establecido; por eso él se enfureció contra nosotros.
>
> —1 CRÓNICAS 15:13

Tener el orden de Dios para cada área de nuestras vidas es algo serio. Servimos a un Dios de orden. El enemigo utiliza el desorden y la confusión para causar destrucción. Dios te llama a seguir la paz y la justicia para establecer orden y libertad. Toma dominio sobre tu día, tu ambiente y tu destino estableciendo las cosas en su orden adecuado.

¡Busca al Señor temprano y consúltale sobre ordenar bien tu día!

MADRUGA Y ORDÉNALE A TU MAÑANA

Una parte importante de ordenarle a tu día es madrugar para buscar al Señor. Dios quiere hablar a tu vida a fin de poder ayudarte a ordenar tu día con mayor autoridad y éxito. Conecta con la mejor voluntad de Dios para ti madrugando para pasar tiempo en su presencia. Deja que el Señor llene tu corazón de su paz y su gozo, mantente firme en sus promesas, y obtén su palabra especial para ti a fin de poder estar firme y declararla durante el día. Busca sabiduría; busca entendimiento; estudia para presentarte aprobado. Madruga, como hacía el profeta Isaías, para que tengas la lengua de los sabios, preparado para dar respuesta de la esperanza que hay en ti.

Todo mi ser te desea por las noches;
por la mañana mi espíritu te busca.
Pues cuando tus juicios llegan a la tierra,
los habitantes del mundo aprenden lo que es
   justicia.

—Isaías 26:9

Capítulo Siete

CÓMO CONVERTIRTE EN UN ÉXITO REPENTINO

Para percibir el mundo de modo diferente, debemos estar dispuestos a cambiar nuestro sistema de creencias, dejar que el pasado se escape, extender nuestro sentimiento del presente y disolver el temor en nuestras mentes.[1]

—William James

EL ÉXITO REQUIERE CORAJE Y VALENTÍA. REQUIERE que camines en una genuina autoridad espiritual a fin de tomar dominio sobre tu mundo interior y exterior. Dios te ha capacitado, por medio de Cristo, para hablar luz a cada situación. Él te ha dado las herramientas y la capacidad de disipar la oscuridad y crear belleza y orden dondequiera que estés. Comienza a pensar en el caos y la falta de forma que encuentras como un lienzo en blanco sobre el cual puedes bosquejar, o arcilla en bruto con la cual puedes dar forma a tu sueño. El *David* de Miguel Ángel, una de las más grandes obras de arte de todos los tiempos, era sólo un bloque de mármol como cualquier otro antes de que Miguel Ángel lo labrase. Cualquier cosa que haya delante de ti puede ser la sustancia de la cual saques tu propia obra de arte.

Cuando Dios soñó con la creación, habló a una situación que era oscura "y sin forma". Donde había oscuridad, Dios declaró luz. Leemos en Génesis 1:2-4 que "la tierra era un caos total, las tinieblas cubrían el abismo... Y dijo Dios: '¡Que exista la luz!'. Y la luz llegó a existir... y la separó de las tinieblas". Dios creó el paraíso y después dio a su creación definitiva, el hombre, la autoridad de gobernarlo. Le dijo a Adán que pusiera nombre a toda criatura, llevándolos ante él uno por uno; así Adán proclamó el nombre y ordenó cada especie. Al hombre se le dio dominio sobre toda la creación y la capacidad de silenciar a todos sus enemigos (ver Salmo 8). Dios no creó a la humanidad para que fuese ociosa, sino para que fuese un participante activo en dar forma a la tierra tal como Dios quería. Dios encerró todos los misterios de lo que la humanidad necesitaría en lo que Él creó, a fin de que pudiésemos colaborar con Él en desvelar esos misterios y continuar llevando a la creación hacia su fin esperado.

APRENDER A REINAR EL GLORIA

Jesús relató muchas parábolas a fin de que sus discípulos pudieran conceptualizar la capacidad que tenían a su disposición y aprender a operar exitosamente en su Reino. Él quería que ellos comprendiesen el grado de éxito y prosperidad que tenían a su disposición si buscaban esos principios del Reino.

Cuando hablo de éxito y prosperidad, estoy hablando de esos conceptos desde el contexto del Reino. El éxito es el cumplimiento del propósito divino, mientras que la prosperidad es tener suficiente provisión divina para vencer obstáculos. Una vez que sales de una situación, esfera

> **El éxito es el cumplimiento del propósito divino, mientras que la prosperidad es tener suficiente provisión divina para vencer obstáculos.**

o dominio, te elevarás a un nuevo nivel de fortaleza con una mayor capacidad de influenciar tu nueva situación o dominio. En otras palabras, irás de una gloria a otra, y de un nivel de fortaleza a otro mayor. Cuando aprendas a construir sobre tus experiencias, añadiendo a tu fe, vivirás una vida del reino exitosa como embajador del glorioso reino de Dios. Progresarás de un nivel de éxito y provisión a otro a medida que desarrolles una piadosa capacidad y carácter. Escucha cómo Pedro advirtió a los primeros creyentes:

> Precisamente por eso, esfuércense por añadir a su fe, virtud; a su virtud, entendimiento; al entendimiento, dominio propio; al dominio propio, constancia; a la constancia, devoción a Dios; a la devoción a Dios, afecto fraternal; y al afecto fraternal, amor. Porque estas cualidades, si abundan en ustedes, les harán crecer en el conocimiento de nuestro Señor Jesucristo, y evitarán que sean inútiles e improductivos.
>
> —2 PEDRO 1:5-8

Cuando Pedro dice: "precisamente por eso", se está refiriendo a haber sido llamados para ser participantes de la divina naturaleza de Dios (v. 4). Como embajador, eres llamado a representar a tu Padre celestial en la esfera terrenal. Has de "representarlo" a Él, o "presentarlo de nuevo" en cada situación de relación secular. El mundo ha formulado un concepto erróneo y limitado de Dios y tú eres llamado a demostrar la grandeza de Él mediante tu estilo de vida. Dios te ha llamado a ser su vitrina en la tierra: todo en ti debería reflejar las glorias del Reino, desde la ropa que te pones hasta tu forma de hablar —todo lo que habla de tu situación y calidad de vida—, ¡todo debería demostrar las ilimitadas glorias del Reino de Dios!

También eres llamado a poner los sistemas de este mundo en consonancia divina. En 1 Pedro 2:9 leemos que somos real sacerdocio: "Real sacerdocio, nación santa, pueblo que pertenece a Dios, para que proclamen las obras maravillosas de aquel que los llamó de las tinieblas a su luz admirable". Tu unción sacerdotal te capacita para adorar y ofrecer sacrificios de alabanza a Dios. Tu unción real te da el poder y la autoridad de legislar, regular, ejecutar y establecer: reinar, gobernar y dominar. Como creyente, debes entender que has llegado a enterarte del misterio de estos principios o claves del Reino a fin de que en esta vida puedas caminar en dominio divino. "Te daré las llaves del reino de los cielos; todo lo que ates en la tierra quedará atado en el cielo, y todo lo que desates en la tierra quedará desatado en el cielo" (Mateo 16:19). En otras palabras, todo lo que permitas en la esfera terrenal, el cielo lo permite, y cualquier cosa a la que digas no en el nombre de Jesús, el cielo te respaldará atándola. Recuerda: nada sale del cielo hasta que la petición de eso sale de la tierra. Así de poderosa es la palabra hablada. Tiene la capacidad de abrir o cerrar portales espirituales y celestiales.

Dios estableció este principio cuando declaró por medio de Isaías:

> Así es también la palabra que sale de mi boca: No volverá a mí vacía, sino que hará lo que yo deseo y cumplirá con mis propósitos.
>
> —ISAÍAS 55:11

Como una carta viviente, una portadora del Espíritu de Cristo, la Palabra se ha hecho carne en ti, y las palabras inspiradas por Dios que tú hablas, como templo del Dios viviente, llevan autoridad sobrenatural y poder creativo: "¿No saben que ustedes son templo de Dios y que el Espíritu de Dios habita en ustedes?" (1 Corintios 3:16).

Las palabras son poderosas. Las palabras afectan tu destino. Un día de murmuración y queja tiene el poder de hacerte volver atrás un año. Eso es una proporción de 1 a 365. Por tanto, no puedes permitirte pronunciar palabras caprichosas con tu boca porque la esfera espiritual toma cada palabra que el hombre dice como un mandamiento y un mandato. No discrimina entre una broma, un deseo, una orden o un decreto. Así de poderosa es la palabra hablada. Recuerda lo que les sucedió en el desierto a los hijos de Israel. Ten cuidado para no quedarte enredado por tus propias palabras.

> Del fruto de la boca del hombre se llenará su vientre; se saciará del producto de sus labios.
> —PROVERBIOS 18:20, RV60

ORA ESTRATÉGICAMENTE

A veces tu éxito, tu progreso o tus bendiciones pueden quedar retenidos y obstaculizados no porque tú estés hablando negativamente, sino porque otros han soltado palabras negativas sobre tu vida y tú las has aceptado como verdaderas. Niégate a quedarte sentado y dejar pasivamente que la vida te pase por el lado. Participa de manera activa en tu propio destino. Revierte agresivamente malas palabras, maleficios, hechizos y malos deseos. De forma proactiva, diseña, construye y establece tu vida. ¿Cómo quieres que se vea tu vida la próxima semana, el próximo año, o hasta en tu funeral? ¿Serás recordado por tus logros, o sólo por lo que podrías haber hecho?

Según Jeremías 29:11, Dios no comienza una cosa sin saber el resultado; Él comienza cada obra con el final en mente. Puesto que Él ya conoce el fin desde el principio, debe de conocer todo lo que hay entremedias. Busca su rostro en oración. "Si a alguno de ustedes le falta sabiduría, pídasela a Dios, y él se la dará, pues Dios da a todos generosamente sin menospreciar a nadie" (Santiago 1:5). Haz preguntas con respecto a los planes que Él tiene para ti. Descubre su voluntad a medida que Él hable a tu corazón y tu mente, y entonces legisla su voluntad en la esfera terrenal mediante declaraciones diarias. Por tus palabras estableces vida o muerte, bendiciones o maldiciones, éxito o fracaso.

En Mateo 13:52 Jesús afirma que una persona que es enseñada a participar en el Reino de los cielos es alguien capaz de conectar con la verdad antigua y la sabiduría nueva. Veamos lo que dice la Escritura:

> Todo maestro de la ley que ha sido instruido acerca del reino de los cielos es como el dueño de una casa, que de lo que tiene guardado saca tesoros nuevos y viejos.

En otras palabras, buscamos perspectiva y guía para la oración tanto del Antiguo como del Nuevo Testamento. La oración es una disciplina del reino honrada por el tiempo; es el medio por el cual nos comunicamos con Dios, y es como Dios se comunica con nosotros. Tus oraciones deberían ser construidas de tal modo que salieran de la Palabra de Dios viva, incorporando principios establecidos al igual que revelación nueva. Para mantener vibrante y emocionante tu vida de oración, deberías utilizar diversas estrategias al igual que una diversidad de metas.

TOMA EL MANDO DE ANTEMANO:
LA IMPORTANCIA DE VELAR

Convertirte en un "éxito repentino" sólo se producirá después de que hayas ordenado exitosamente tus pensamientos, tus palabras y tu tiempo. Todos esos componentes obrando juntos te capacitarán con la estrategia de oración que yo denomino "ordenarle a tu mañana". Lo que quiero comunicar aquí, en particular, es que, en este contexto, la mañana no sólo se refiere a las horas que se registran en la esfera de un reloj, sino al periodo de tiempo que existe antes de que sucedan las circunstancias. No tienes que esperar a ponerte enfermo, a experimentar una pérdida económica, o a malas relaciones matrimoniales antes de posicionarte para orar. Hay muchas situaciones en tu vida que son obra del enemigo y que pueden ser prohibidas mediante la oración preventiva.

No puedes permitirte pronunciar palabras caprichosas con tu boca porque la esfera espiritual toma cada palabra que el hombre dice como un mandamiento y mandato. Así de poderosa es la palabra hablada.

En el Nuevo Testamento leemos de una estrategia de oración concreta que Jesús empleó. Veamos Mateo 14:23-32:

Después de despedir a la gente, subió a la montaña para orar a solas. Al anochecer, estaba allí él solo, y la barca ya estaba bastante lejos de la tierra, zarandeada por las olas, porque el viento le era contrario. En la madrugada, Jesús se acercó a ellos caminando sobre el lago. Cuando los discípulos lo vieron caminando sobre el agua, quedaron aterrados. —¡Es un fantasma! —gritaron de miedo. Pero Jesús les dijo en seguida: —¡Cálmense! Soy yo. No tengan miedo.

—Señor, si eres tú —respondió Pedro—, mándame que vaya a ti sobre el agua.

—Ven —dijo Jesús. Pedro bajó de la barca y caminó sobre el agua en dirección a Jesús. Pero al sentir el viento fuerte, tuvo miedo y comenzó a hundirse. Entonces gritó: —¡Señor, sálvame! En seguida Jesús le tendió la mano y, sujetándolo, lo reprendió: —¡Hombre de poca fe! ¿Por qué dudaste? Cuando subieron a la barca, se calmó el viento.

En el texto anterior Jesús nos enseña cómo obtener el control sobre nuestro día a fin de que destronemos el mal de su lugar de poder. La estrategia en la que estás a punto de embarcarte es particularmente útil durante momentos de transición. La transición requiere un cambio en nuestro modo de orar porque el hombre natural no puede entender las cosas de Dios. En la transición debes buscar el consejo de Dios, no el consejo del hombre. También debes tener cuidado de no aceptar el consejo de espíritus debilitantes, como el temor, la duda y la incredulidad. Porque aquel que tarde o temprano avance en la vida mediante la oración, inevitablemente será recibido en su futuro por los embriagadores aromas del éxito divino, los logros sobrenaturales, y continuos momentos de dicha, paz y contentamiento celestial.

Jesús ya había orado de diez a doce horas antes de pronunciar su liberación. Él estaba usando una estrategia de oración concreta que yo he denominado "ordenarle a la mañana". Mucho antes de que el enemigo se manifestase creando una tormenta, Jesús había programado vida, prosperidad y éxito en su día y en las vidas de sus discípulos. El diablo no podía matarlos ni hacer que fracasaran. Aunque ellos se encontraron con circunstancias frustrantes, prevalecieron porque Jesús ya había preparado el camino de su éxito con sus oraciones.

Este principio puede encontrarse también en el Antiguo Testamento. Job 38:12-13 revela una conversación que Dios tuvo con Job. Él hizo una serie de preguntas que sacan a la luz el principio de ordenarle a la mañana:

> ¿Alguna vez en tu vida le has dado órdenes a la
>   mañana,
> o le has hecho saber a la aurora su lugar,
> para que tomen la tierra por sus extremos
> y sacudan de ella a los malvados?

Dios preguntó a Job: "¿Has dado órdenes a la mañana?". Mucho antes de que el creyente promedio se haya despertado para siquiera pensar en su día, brujas y brujos han estado diligentemente en sus puestos desatando hechizos y maldiciones. La hora de las brujas es el momento en que criaturas sobrenaturales como brujas, demonios y fantasmas están en su momento más poderoso y la magia negra es más eficaz. Ellos consideran la medianoche como el mejor momento de efectuar cambio y transformación en la esfera espiritual.

Cuando nosotros, los cristianos, nos levantamos para lo que llamamos "oración temprano en la mañana", que normalmente está entre las 4:00 y las 6:00 de la madrugada, quienes trabajan con el oscuro arte de la adivinación han completado sus tareas diabólicas, y el sabotaje satánico de tu día ya ha sido puesto en movimiento.

Muchos cristianos han llegado a desalentarse sencillamente porque han orado mal; perdieron el momento de la declaración y descuidaron ordenarle a su mañana.

Este principio divino está tomado de Génesis, capítulo 1, donde está escrito: "Y vino la noche, y llegó la mañana: ése fue el primer... segundo... tercer... cuarto... quinto... sexto día". Dios en realidad obró desde la noche hasta la mañana, en lugar de hacerlo desde la mañana hasta la noche.

Durante la generación de Jesús, una vigilia constituía un periodo de tres horas. La primera vigilia comenzaba a las 6:00 de la tarde, la segunda a las 9:00 de la noche, la tercera a la medianoche, la cuarta a las 3:00 de la mañana, y la quinta a las 6:00 de la mañana. Había un total de ocho vigilias, cuatro en la noche y cuatro en el día. Si eres matemático, probablemente hayas llegado a la conclusión de que ocho vigilias forman un día de veinticuatro horas.

Por tanto, esas horas tempranas de oración deberían situarse dentro del contexto de las vigilias de la noche a la mañana, que realmente comienzan a las 6:00 de la tarde y terminan a las 6:00 de la mañana. Es importante entender que el final de un cambio de vigilia es tan importante como el comienzo, porque durante ese marco de tiempo es cuando el enemigo intentará poner una emboscada y atacar. Según 1 Pedro 5:8, debes practicar "el dominio propio y manténganse alerta. Su enemigo el diablo ronda como león rugiente, buscando a quién devorar".

Si se te han asignado las dos últimas vigilias de la noche —de la medianoche a las 3:00 de la mañana y de las 3:00 de la mañana a las 6:00 de la mañana—, tu papel es importante porque estás en la brecha para reforzar los cercos de oración que han sido establecidos en anteriores vigilias. Recuerda: la última vigilia es más efectiva si quienes están asignados a ella entienden el contexto de la vigilia de toda la noche. Debería realizarse todo esfuerzo para reforzar un plan de oración que englobe a todas las vigilias.

Como Intercesor principal, Jesús sabía cuál era el periodo más efectivo para orar. Él era Dios en acción, y consideraba un imperativo divino comenzar su vigilia de oración en algún momento durante la primera vigilia, que era aproximadamente a las 6:00 de la tarde. Como general de oración, Jesús era un capacitado técnico de oración capaz de orar con fluidez, competencia, claridad y precisión tanto tiempo como fuese necesario orar por algo. Mi oración es que Dios te otorgue esa misma capacidad divina.

APLICAR LA DISCIPLINA DE LA VIDA DEL REINO

Después de un periodo de ministerio exitoso, Jesús orquestó una nueva lección para sus discípulos. Él quería exponerlos a la disciplina de la vida del Reino, pues la vida del Reino demanda esfuerzo disciplinado, oración estratégica y conciencia divina. Antes de todo gran evento del reino demostrado por Jesús, la Biblia indica que Él pasó un mínimo de diez a doce horas en oración. Jesús estaba estableciendo los divinos planes de Dios en la esfera terrenal y atrayendo victoria, éxito y prosperidad a su día a la vez que desalojaba el mal. Él le ordenaba a la mañana y tomaba autoridad sobre su día. Ordenar significa:

- Instruir
- Dictar
- Ejercer autoridad
- Dominar y conquistar

- Controlar
- Dar órdenes a
- Demandar a fin de recibir lo debido
- Gobernar
- Decretar
- Supervisar
- Vigilar
- Gestionar
- Administrar
- Regular

No pases por alto este principio. El poder de cambiar está en tu boca. El poder de tener prosperidad está en tu boca. El poder para tener salud y sanidad está en tu boca. El poder para un exitoso ministerio, matrimonio, negocio, relación, ¡o cualquier otra cosa que necesites está en tu boca!

Cuando le ordenas a tu mañana, empujas el éxito desde la esfera espiritual hasta tu día. Cuando le ordenas a tu mañana, le das a tu realidad tareas divinas. Debes estar dispuesto a declarar y establecer en la esfera espiritual hoy lo que quieres ver manifestado mañana. Cuando entiendas e implementes esta estrategia de oración, literalmente comenzarás a experimentar lo que yo denomino éxito "repentino". Cuando digo "repentino" me refiero una vez más al poder de la palabra hablada en relación con el eterno plan de Dios para tu vida y tu postura de oración relativa a poner esos planes en movimiento. Lo que decretes antes de irte a la cama y sigas declarando cuando te levantas por la mañana mantendrá activo al mundo espiritual durante toda la noche, ¡mientras tú duermes el sueño apacible de los justos!

Los planes de Dios son bendecir y no maldecir; dar vida y no matar; prosperarte y no hacerte caer. Orar durante la noche hace que tu mañana sea brillante y abunde en bondad. Comenzarás tu día con poder y lo terminarás con bendición. Recuerda que cuando nos referimos a días, noches y estaciones, no nos estamos refiriendo al tiempo en un reloj o al día en un calendario; nos estamos refiriendo al momento del Señor, el cual no requiere ni reloj ni calendario. Su momento para bendecir es ahora, en el momento presente, y está regulado por los sencillos y continuos actos de obediencia (ver Deuteronomio 28:1-2).

Según Isaías 1:19: "¿Están ustedes dispuestos a obedecer? ¡Comerán lo mejor de la tierra!". ¿Estás dispuesto?

Cuando empleas esta estrategia, activas la unción de veinticuatro horas; una unción que pone en consonancia todos los elementos que rodean tu vida con el propósito que Dios tiene para ti. Esta unción te lleva a cierto tipo de masa crítica profética. Un ejemplo de esto sería la vida de José. Una noche, después de un largo periodo de cautividad, José se fue a la cama como delincuente y se despertó posicionado para ser primer ministro. Todos los elementos de su vida colisionaron con propósito y explosionaron en una masa crítica profética. No había nada ni nadie que pudieran detener su inminente éxito y prosperidad. Cuando le ordenas a tu mañana, nada ni nadie pueden obstaculizar, alterar o abortar tu destino.

> **Los planes de Dios son bendecir y no maldecir; dar vida y no matar; prosperarte y no hacerte caer.**

Que declare lo que ha ocurrido... que exponga ante mí lo que está por venir, ¡que anuncie lo que va a suceder!

—ISAÍAS 44:7

Capítulo Ocho

CÓMO ORDENARLE A TU MAÑANA

Oh, mientras viva para ser el gobernador de mi vida, no un esclavo, para encarar la vida como un poderoso conquistador...

Y nada exterior a mí se hará nunca cargo de mí.[1]

— Walt Whitman

EL HOMBRE FUE CREADO A IMAGEN Y SEMEJANZA de Dios. Entonces se le dio el mandato de gobernar y dominar su mundo; se le dio la autoridad delegada para presidir la tierra y protegerla de fuerzas negativas que pudieran crear desequilibrio, conmoción, destitución y enfermedad.

Dios dijo en el libro de Job que decretarás una cosa y quedará establecida (Job 22:28). Tu milagro ya existe en la invisible esfera "secreta". Todo lo secreto le pertenece a Dios, pero las cosas que son reveladas le pertenecen al hombre. En Proverbios 25:2 leemos: "Gloria de Dios es ocultar un asunto, y gloria de los reyes el investigarlo". Salomón también lo expresó de este modo:

Y me dediqué de lleno a explorar e investigar con sabiduría todo cuanto se hace bajo el cielo. ¡Penosa tarea ha impuesto Dios al género humano para abrumarlo con ella!

— ECLESIASTÉS 1:13

EN BUSCA DE SABIDURÍA

Es en el punto de revelación —o inspiración divina— donde Dios nos habla a todos. Él dijo: "Porque yo sé muy bien los planes que tengo para ustedes —afirma el Señor—, planes de bienestar y no de calamidad, a fin de darles un futuro y una esperanza" (Jeremías 29:11). Él conoce el fin desde el principio y todo lo que hay entremedias. Y esas son las cosas que Él quiere revelarte. El libro de Job dice que eso es lo que Dios realmente hace; Él abre la mente del hombre y habla pensamientos inspiracionales a fin de poder evitar que el hombre siga su propio camino limitado. Los pensamientos de Dios son de abundancia y no de carencia; Él quiere que vivas mucho tiempo y quiere llevarte a una buena vida. Él te da pensamientos de inspiración y la capacidad de hacerlos existir con tus palabras a fin de que llegues a cumplir el mejor plan que Él tiene para tu vida. Él quiere que madures en sabiduría, autoridad, y capacidad sobrenatural a fin de que puedas dar testimonio del esplendor de su Reino. Tu milagro ya está en existencia, pero te corresponde aprender a verlo y llamarlo.

TOMA EL MANDO HACIENDO EL LLAMADO

En Mateo 21:2, cuando Jesús se estaba preparando para su entrada final en Jerusalén, dijo que le trajeran un burro, pero el burro permaneció atado hasta que Jesús lo llamó. De igual manera, lo que tú necesitas podría estar ya esperándote, pero no lo ves aún porque todavía no lo has llamado. Una situación o circunstancia generalmente llega porque tú la has llamado: le has dado permiso para existir en tu vida. Las palabras casuales que a primera vista pueden sentirse como si se hubieran pronunciado por humildad—aunque sean educadamente de desprecio de uno mismo, políticamente correctas, o "no demasiado optimistas"—pueden hacer más daño del que crees. Recuerda que todo lo que ates o desates en la tierra será atado o desatado en el cielo y que el Señor dijo: "Juro por mí mismo, que haré que se les cumplan sus deseos" (Números 14:28).

A lo largo de la Biblia Dios llama a su pueblo a tomar el mando de su destino aprendiendo a ordenarle a sus mañanas. Mandar significa "ordenar con autoridad; hacerse cargo de; ejercer autoridad directa sobre; conducir; dominar por posición; guardar; supervisar". No dejes que tu día se lleve lo mejor de ti al no ordenar lo mejor a tu día. Toma el mando de tus pensamientos, palabras y tiempo a fin de estar en posición de tomar el mando de tu destino. "No debemos, pues, dormirnos como los demás, sino mantenernos alerta y en nuestro sano juicio" (1 Tesalonicenses 5:6).

No seas una víctima. Lleva la voz cantante y cambia tu destino. Sé proactivo y decisivo mientras declaras la Palabra de Dios sobre tu vida. Dios te ha dado la promesa de que cualquier cosa que declares en el nombre de Jesús será hecha (Juan 14:13-14), para poder ser todo aquello que Él quiso que fueras en la tierra: un brillante ejemplo de la bondad y el amor de Dios.

Contéstame, si puedes; prepárate y hazme frente.

—Job 33:5

Manténganse firmes...Manténganse alerta y perseveren en oración.

—Efesios 6:14, 18

DECRETAR Y DECLARAR DE MODO FUTURO

No debería haber ninguna duda en tu mente de que Dios quiere bendecirte y prosperarte. Él quiere que tengas éxito y que no fracases; quiere lo mejor para ti. Recuerda: quienes se acercan a Dios deben creer que Él recompensa a quienes le buscan diligentemente (Hebreos 11:6). Esto se debe a que lo que agrada a Dios es tu fe. Además, deja que tus declaraciones estén informadas por la siguiente verdad revolucionaria y "reveladora":

> Han llegado ya la salvación y el poder y el reino de nuestro Dios; ha llegado ya la autoridad de su Cristo. Porque ha sido expulsado el acusador de nuestros hermanos, el que los acusaba día y noche delante de nuestro Dios. Ellos lo han vencido por medio de la sangre del Cordero y por el mensaje del cual dieron testimonio.
>
> —APOCALIPSIS 12:10-11

Tu enemigo está vencido por la sangre del Cordero y por la palabra de tu testimonio. Debes declarar: "El que está en [mí] es más poderoso que el que está en el mundo" (1 Juan 4:4), y "en todo esto somos más que vencedores por medio de aquel que nos amó" (Romanos 8:37). Cree y confiesa: "Porque con el corazón se cree para ser justificado, pero con la boca se confiesa para ser salvo" (Romanos 10:10). Habla con convicción y confiesa con expectación.

Espera que lo que estés decretando sucederá. Jesús enseñó en Marcos 11:24: "Crean que ya han recibido todo lo que estén pidiendo en oración, y lo obtendrán". Sin embargo, en el mismo versículo, Jesús hizo hincapié en la necesidad de que nosotros "hablemos" y "digamos" tres veces más de decir que "creamos". Ya que la esfera espiritual es la esfera causal, espera que lo que estás orando se manifestará a este lado de la gloria porque ya ha sido sellado en la esfera espiritual. Dios ya ha desatado cada posibilidad antes de la fundación del mundo. No seas contraproducente en tus declaraciones decretando una cosa y confesando otra. Sé coherente al saber que cuando te comprometes a desatar las cosas que pertenecen a tu vida, Dios está diciendo que cualquier cosa (positiva o negativa, fe o incredulidad) que desates es desatada y todo lo que ates es atado. Recuerda: Cuando una declaración sale de tu boca, ya se ha producido.

> Determinarás asimismo una cosa, y te será firme,
> y sobre tus caminos resplandecerá luz.
>
> —JOB 22:28, RV-60

DECLARAR Y DECRETAR CON AUTORIDAD

Haz tu declaración en el nombre de Jesús. Dios te delegó autoridad, como creyente, para que puedas llevar a cabo su voluntad en la tierra. Inherente en esta autoridad divina está el manto de responsabilidad y de rendir cuentas. Tú eres responsable de hablar en consonancia con la divina voluntad que se ha pronunciado con respecto a ti. La autoridad del Reino demanda que llegues a ser proactivo en el establecimiento de propósito en tu experiencia en la vida. No has de ser dominado por las circunstancias, sino que debes tomar autoridad sobre ellas y decretar que la voluntad de Dios se manifiesta en el nombre de Jesús. "Ciertamente les aseguro que mi Padre les dará todo lo que le pidan en mi nombre" (Juan 16:23).

Al que puede hacer muchísimo más que todo lo que podamos imaginarnos o pedir, por el poder que obra eficazmente en nosotros, ¡a él sea la gloria en la iglesia y en Cristo Jesús por todas las generaciones, por los siglos de los siglos! Amén.

—Efesios 3:20-21

EL PODER DE CAMINAR EN ORACIÓN

Yo personalmente he integrado las declaraciones contenidas en este libro a mis ejercicios físicos cotidianos. Necesito hacer ejercicio para mantener mi salud y me encanta caminar, así que logro dos cosas esenciales y que sostienen la vida con una sola actividad. Esta práctica no sólo fomenta la fuerza física, la energía y la salud en general, sino que también forma fuertes músculos espirituales y aumenta la energía y la fortaleza espiritual. Piensa en "caminar en el Espíritu" mientras sacas tu destino con tus palabras. Practica mantener el paso con el Espíritu a la vez que declaras sus promesas sobre tu vida. Gálatas 5:25 afirma: "Si el Espíritu nos da vida, andemos guiados por el Espíritu".

Desarrolla el hábito de caminar en oración. A medida que camines, piensa en la promesa de Dios de extender tu territorio y darte todo lugar que pisen las plantas de tus pies. A medida que camines, libera esas poderosas declaraciones a la atmósfera durante tres meses consecutivos, y observa lo que Dios hará. Él se está preparando para dejarte anonadado de bendiciones. Él revertirá circunstancias negativas, te posicionará para una abundancia sobrenatural y un favor sin precedentes. Sin sombra de duda, Él se mostrará poderoso por causa de ti. ¡Tu avance y tus milagros están de camino!

CÓMO PONERLO EN PRÁCTICA

He incluido una lista de declaraciones de activación que puedes utilizar durante tu tiempo de oración. No tiene la intención de convertirse en una práctica religiosa obligada o en un ritual, sino en una guía y un marco para lanzarte a la práctica de ordenarle a tu mañana. Cuando pronuncies estas declaraciones, hazlo con valentía, pero también en oración. Pídele al Espíritu Santo que guíe tus palabras, pensamientos y fe a medida que te haces cargo de tu día. La situación de cada lector es única y sólo tú sabes cuáles son tus necesidades concretas. Esto es una guía para ampliar tu entendimiento de lo que es posible y darte un comienzo; a medida que camines en fe, el Espíritu Santo te guiará a otras áreas sobre las cuales Él quiere que ejerzas tu autoridad.

A medida que leas las declaraciones, no te limites a leerlas, pronúncialas en voz alta con fe, autoridad y poder. Recuerda que estás colaborando con Dios para activar su perfecta voluntad para ti en esta vida. Estás colaborando con Cristo por causa de ti al igual que por causa de aquellos por quienes oras. ¡Deja que hoy sea la revelación de una nueva unción en tu vida! ¡Deja que hoy sea el día en que agarres el poder que Dios te ha otorgado! Haz de las declaraciones de activación una vívida parte de tu rutina de oración, ¡y observa a Dios cambiar las cosas! ¡Estás en el camino hacia el éxito y la prosperidad del Reino!

> **Pídele al Espíritu Santo que guíe tus palabras, pensamientos y fe a medida que te haces cargo de tu día.**

DECLARACIONES DE ACTIVACIÓN

Me sitúo para ordenarle a mi mañana y declarar que es un nuevo día.

Tomo autoridad sobre mi día en el nombre de Jesús. Cada elemento de mi día cooperará con propósito y destino.

Hoy es el nacimiento de un nuevo día. Mi periodo de frustración y de fracasos ha terminado, y camino en un periodo de éxito y prosperidad. Las cosas viejas han pasado, todas las cosas han sido hechas nuevas.

Hoy prosigo hacia la meta del supremo llamamiento de Dios en Cristo Jesús.

Cualquier cosa o persona asignada para minarme, frustrarme, obstaculizarme o hacerme daño, ordeno que sea apartada de mi esfera de influencia en el nombre de Jesús.

Ordeno a mi día que coopere plenamente con tu plan y tu propósito para él.

Me pongo de acuerdo hoy con gran anticipación de las cosas buenas que tú has preparado para mí.

Decreto y declaro que está amaneciendo un nuevo día para mi ministerio y mi trabajo o negocio, para mis finanzas, para mis relaciones y para mi salud.

Atraigo éxito, prosperidad, salud, riqueza, visión, dirección, ingenuidad, creatividad, espiritualidad, santidad, justicia, paz y recursos de tu Espíritu a mi día.

Tengo una emoción nueva.

Tengo una mente nueva.

Tengo un celo nuevo.

Tengo una unción nueva que no está contaminada ni hace concesiones.

Mediante esta unción, es quebrado todo yugo de mi vida y es destruido; se levanta toda carga. Su yugo es fácil y su carga es ligera.

Dios todopoderoso, pon tu unción sobre mí.

La unción que está sobre mi vida repele a cada individuo que tenga una tarea diabólica.

Que tu unción fluya sin contaminación ni obstáculo en mi vida.

La unción que está en mi vida para este periodo, misión, mandato y propósito, atrae solamente a quienes tienen tareas divinamente ordenadas.

Pon las siguientes unciones sobre mí:

- La unción de Salomón para el manejo de recursos, sabiduría, riqueza, éxito y prosperidad.
- La unción de Isaac para estrategias de inversión.
- La unción de Ciro para agudeza financiera.
- La unción de Samuel para sensibilidad y obediencia a la voz de Dios.
- La unción de Ester para favor divino y estrategias del reino.
- La unción de Daniel para gobierno, excelencia e integridad.
- La unción de José para estrategias de liderazgo político, de negocios y económicas.
- La unción de Josué para prosperidad en la guerra espiritual y estrategias de éxito.
- La unción de Abraham para ser pionero de nuevos territorios, adquisiciones de inmuebles, y bendiciones del pacto intergeneracionales.
- La unción de Moisés como pionero y líder.
- La unción de Nehemías como renovador y restaurador.
- La unción de Esdras como un auténtico adorador del Dios verdadero y vivo.
- La unción de Débora para tener equilibrio.
- La unción de David para alabanza y adoración.
- La unción de Pablo para una revelación apostólica de vanguardia.
- La unción de Elías para precisión y perspectiva profética.
- La unción de Eliseo para servicio, sucesión ministerial, y la doble porción de poder jurisdiccional y autoridad.
- La unción de Isacar para el discernimiento de momentos y periodos correctos.

- La unción de Abigaíl para la hospitalidad y la prudencia.
- La unción de intercesión de Ana.
- La unción de Cristo para oración profética, guerra espiritual, señales, maravillas, milagros y una vida con propósito.
- La unción de Uzías para avance tecnológico.
- La unción de los discípulos para aprender.
- La unción de Jabes para el crecimiento territorial e intelectual.
- La unción de Eva para fruto y dominio.

Haz que la unción apostólica y profética converjan, explosionen y sean manifiestas en mi vida con precisión, autenticidad, claridad y elegancia.

Padre, oro:

"Por la mañana hazme saber de tu gran amor, porque en ti he puesto mi confianza. Señálame el camino que debo seguir, porque a ti elevo mi alma...Enséñame a hacer tu voluntad, porque tú eres mi Dios. Que tu buen Espíritu me guíe por un terreno sin obstáculos" (Salmo 143:8, 10).

Sincroniza mi vida con tu perfecta voluntad, planes y calendario.

Sobrepón tu voluntad por encima de la voluntad de espíritus malos y hombres malos.

Capacítame para servirte en santidad y rectitud.

Otórgame asilo divino del reino e inmunidad diplomática de la maldad que busca encarcelarme y atraparme.

Ya que mis tiempos están en tus manos, tú me librarás de las manos de mis enemigos y de aquellos que me persiguen.

Desmantela potestades de maldad que trabajen para frustrar mi día, mis tareas y actividades.

Frustra las flechas disparadas contra mí por el día y haz que cese el terror por la noche.

Rescátame de mis enemigos, porque me escondo en ti.

Haz que los vientos orientales de juicio soplen en el campamento enemigo. Detén los ciclones diabólicos y los vientos demoníacos pensados para causar estragos y desastre en mi vida.

Haz que soplen vientos divinos y frescos del Espíritu Santo. Que los vientos occidentales de reposición, los vientos del norte de abundancia, y los vientos del sur de restauración y provisión sobrenatural soplen profusamente.

Asigna ángeles como mis escoltas divinos y mi seguridad sobrenatural. Que patrullen los límites y las fronteras de mis esferas de influencia. Que desmantelen y destruyan las fortalezas satánicas y desposean las ocupaciones satánicas.

Cierra las puertas de la muerte y sella las puertas de aflicción y tormento.

Abre puertas divinas de acceso a nuevas puertas de oportunidad, así como ventanas de divina inspiración, perspectiva y revelación. Abre caminos de rectitud, senderos de éxito y prosperidad; múltiples corrientes de ingresos, movimiento positivo de efectivo, autopistas a lugares de tareas divinas y prosperidad; y canales de transición y liberación.

Enséñame tu camino, para que pueda saber cómo conducir mis asuntos de la manera más entendida, rápida y fiscalmente más sabia.

Abre mis ojos a tecnologías, metodologías, tácticas y estrategias de vanguardia que puedan ayudarme a hacer tu voluntad.

Padre, permite que solamente quienes tienen tareas divinas sean atraídos a mí.

Que tu Espíritu Santo y su sabiduría, entendimiento, consejo, poder, conocimiento, el temor del Señor y perspectiva profética estén sobre mí en este día.

Otórgame la capacidad de oír claramente a medida que tú me das percepción, ideas ingeniosas e invenciones creativas.

Abre mis oídos y deja que tu Palabra me inspire a la rectitud.

Abre mis oídos a los movimientos sinfónicos del Espíritu con una transmisión clara y definida.

Haz que mis ojos espirituales funcionen con una visión perfecta para la correcta perspectiva, entendimiento e interpretaciones de los movimientos coreográficos del Dios.

Que mis ojos no sean seducidos por el espíritu de codicia ni mi mente por el orgullo de la vida.

Haz que mis pies sean ágiles y rápidos como los ciervos, ante todos mis problemas.

Condúceme por los caminos de justicia por causa de tu nombre.

Espíritu Santo, dame nuevas maneras de vivir y mejores estrategias; actualízame con tecnología del reino y metodología del Reino; recibo la disciplina sobrenatural para implementarla hoy.

Padre, pon sobre mí la unción de un guerrero. Todo dominio y sistema que tú me hayas asignado lo confisco del enemigo. Desato la ley de la desposesión, a toda ocupación satánica o demoníaca que esté en mi terreno, propiedad o territorio, le ordeno que se vaya en el nombre de Jesús. ¡Soy más que vencedor!

Refuerza el borde de protección alrededor de mi vida, de mis posesiones, de mi familia, de mis amigos y asociados, y de mi ministerio.

Padre, oro todo esto por mí y por [incluye nombres concretos de individuos, organizaciones, ministerios o familias].

Tú utilizaste toda tu destreza divina para crearme; soy creado de forma maravillosa.

Le recuerdo a los principados, las potestades y los espíritus familiares que no tienen derecho alguno a tocar mi vida de ninguna manera, porque estoy en un pacto con Dios y oculto en el lugar secreto del Altísimo.

Espíritu Santo, condúceme y guíame a toda verdad. Ordena mis pasos según tu Palabra y tu plan original y propósito para mi vida.

Desato mi nombre a la atmósfera y declaro:

Tengo una buena reputación. No hay estigmas negativos unidos a mí.

Soy un defensor de la capacitación. Mi nombre está relacionado con:

- Grandeza
- Integridad
- Nobleza
- Rectitud
- Santidad
- Moralidad
- Tratos éticos
- Honestidad
- Humildad
- Gracia
- Amor
- Gozo
- Paz
- Paciencia
- Benignidad
- Mansedumbre
- Fe
- Bondad
- Dominio propio

- Generosidad
- Justicia
- Visión
- Sabiduría
- Riqueza
- Lujo
- Extravagancia
- Salud
- Inteligencia
- Prosperidad
- Conocimiento
- Oración y guerra espiritual
- La unción
- Visión de Reino
- Tareas del Reino
- Éxito

Libero a la atmósfera mi nombre y todo lo que me está asignado y relacionado conmigo. Permito que guerreros de oración me recojan en la esfera del espíritu y oren, reforzando mi borde de protección. Que estén en la brecha profética e intercesora por mí y por todo lo que me está asignado y relacionado conmigo.

En el nombre de Jesús, aseguro que:

Soy un hijo de Dios.

Soy salvo por gracia.

Soy nacido de semilla incorruptible.

Soy redimido por la sangre.

Todos mis pecados son perdonados.

Soy una nueva criatura en Cristo.

Soy redimido de la maldición de la ley.

Soy amado de Dios.

Estoy sentado en lugares celestiales en Cristo Jesús.

Soy parte del sacerdocio real.

Soy miembro de una generación escogida.

Soy un embajador de Cristo, la luz del mundo.

Soy ciudadano del Reino de los cielos.

Soy coheredero con Jesús.

Soy acepto en el Amado.

Estoy completo en Él.

Estoy crucificado con Cristo.

Estoy vivo con Cristo.

Soy libre de condenación.

Estoy reconciliado con Dios.

Soy justificado por la fe.

Estoy calificado para tener parte en la herencia de Jesús.

Soy conciudadano con los santos y la casa de Dios.

Soy un miembro importante y colaborador del Cuerpo de Cristo.

Soy templo del Espíritu Santo.

Soy la sal de la tierra.

Soy la novia de Cristo.

He sido sellado con el Espíritu Santo de la promesa.

Soy un santo.

Soy el elegido de Dios.

Estoy establecido por gracia.

Soy acercado a Dios por la sangre de Cristo.

Soy victorioso por medio de Cristo.

Estoy creado intencionadamente y diseñado de modo único para el éxito.

Soy hecho libre.

Soy un discípulo de Cristo.

Soy un administrador de gran riqueza.

Soy un visionario.

Soy cabeza y no cola.

Estoy por encima y no por debajo.

Soy el primero y no el último.

Soy fuerte en el Señor.

Soy más que vencedor.

Estoy firmemente arraigado, edificado y establecido en la fe.

Abundo en un espíritu de acción de gracias.

Estoy espiritualmente circuncidado.

Soy la justicia de Dios.

Soy participante de su naturaleza divina.

Soy un heredero según la promesa.

Soy llamado de Dios.

Soy creado de modo único y maravilloso.

Soy la niña de los ojos del Padre.

Soy sanado por las llagas de Jesucristo.

Estoy siendo transformado a su imagen.

Soy engendrado de lo alto.

Soy lleno del Espíritu Santo.

Soy obra de Dios creado en Cristo Jesús.

Soy liberado del poder de la oscuridad.

Soy trasladado al Reino de Dios.

Estoy oculto en el lugar secreto del Altísimo.

Estoy defensivamente vestido de la armadura de Dios.

Estoy ofensivamente equipado con la espada del Espíritu, que es la Palabra de Dios.

Soy protegido por ángeles.

Soy un vencedor.

Soy transformado por la renovación de mi mente.

Soy representante de Dios en la esfera terrenal.

No puedo ser tocado por el mal.

Estoy capacitado para participar exitosamente en la guerra espiritual y lograr la victoria.

Todos mis pecados son perdonados y soy redimido por medio de la sangre.

Soy bendecido con toda bendición espiritual en lugares celestiales.

Soy escogido de Dios, santo y sin mancha delante de Él en amor.

Estoy completo en Cristo.

Estoy rebasado de bendiciones:

- Bendecido para lograr importancia nacional
- Bendecido en la ciudad
- Bendecido en el campo
- Bendecido para lograr fruto en todas las áreas
- Bendecido en la provisión diaria
- Bendecido en las actividades diarias
- Bendecido con victoria
- Bendecido como empresario
- Bendecido socialmente
- Bendecido económicamente
- Bendecido corporalmente
- Bendecido comercialmente
- Bendecido relacionalmente
- Bendecido interpersonalmente
- Bendecido conductualmente
- Bendecido fisiológicamente
- Bendecido emocionalmente
- Bendecido espiritualmente
- Bendecido psicológicamente
- Bendecido bioquímicamente
- Bendecido neurológicamente
- Bendecido de modo sistémico
- Bendecido molecularmente
- Bendecido celularmente

- Bendecido esqueléticamente
- Bendecido anatómicamente
- Bendecido muscularmente
- Bendecido hormonalmente
- Bendecido genéticamente
- Bendecido nutricionalmente
- Bendecido culturalmente
- Bendecido globalmente
- Bendecido educativamente
- Bendecido tecnológicamente

Dios Todopoderoso, bendice las obras de mis manos y proporciona:

Oportunidades de trabajo

Avances

Aumentos y extras

Sabiduría y conocimiento

Entendimiento

Bienes

Estrategias de inversión

Beneficios y ascensos

Tiempo extra

Compradores y clientes

Visión y sueños

Ideas, invenciones y estrategias multimillonarias

Destreza para redactar

Éxitos de venta y clásicos

Perspectivas teológicas

Bienes innovadores y servicios de talla mundial

Ventas y comisiones

Acuerdos favorables

Inmuebles y herencias

Intereses y dividendos

Múltiples canales de ingresos

Beneficios y extras

Descuentos y devoluciones

Cheques en el correo

Bendiciones económicas inesperadas

Transferencias de riqueza

Regalías

Bienes inmuebles

Riquezas secretas y tesoros ocultos

Favor con los acreedores

Mayores ingresos

Facturas pagadas

Deudas canceladas

Aumento y provisión sobrenaturales

Relaciones de sinergia

Salud divina

Redes divinas

Progreso cuántico

Crecimiento y desarrollo acelerados

Nuevas maneras de vivir

Nuevas maneras de trabajar

Posicionamiento estratégico

Regalos inesperados

Sorpresas maravillosas

Apartamentos y contratos

Automóviles

Una vida libre de deudas

Un flujo de efectivo para sostén económico

Capacidades de administración del dinero

Capacidades de administración del tiempo

Capacidades de manejo de la mente

Capacidades de liderazgo

Capacidades eficaces de comunicación

Capacidades de negociación

Capacidades de manejo de crisis

Capacidades de manejo de cambios

Capacidades de manejo de recursos

Capacidades pioneras

Relaciones mutuamente beneficiosas y de sinergia

Una mentalidad millonaria de Reino:

- Soy un asegurador de iniciativas del Reino, actividades innovadoras y programas.

- Soy un millonario del Reino. No sólo hago millones, sino que también ofrendo millones de causas dignas del Reino y al enriquecimiento de la comunidad.

Señor, según tu Palabra, declaro:

"Sean mi protección la integridad y la rectitud, porque en ti he puesto mi esperanza" (Salmo 25:21).

"Hazme saber, Señor, el límite de mis días, y el tiempo que me queda por vivir; hazme saber lo efímero que soy" (Salmo 39:4).

Mis pensamientos están gobernados sólo por "todo lo verdadero, todo lo respetable, todo lo justo, todo lo puro, todo lo amable, todo lo digno de admiración, en fin, todo lo que sea excelente o merezca elogio" (Filipenses 4:8-9).

"El de manos diligentes gobernará" (Proverbios 12:24). Yo soy diligente; por tanto, gobernaré.

Por tus llagas soy sanado de toda herida y enfermedad física y emocional (según Isaías 53:5).

Según Filipenses 4:6-7, hablo paz a toda ansiedad, depresión, neurosis, psicosis, fibromialgia, síndromes crónicos de dolor, trastorno bipolar, esquizofrénico, esquizoafectivo, obsesivo-compulsivo estrés postraumático, y ordeno que su poder sea roto y no toque mi vida.

Según Hebreos 10:22, me acerco a ti con un corazón sincero en plena certidumbre de fe, teniendo mi corazón purificado de una mala conciencia y mi cuerpo lavado con agua pura. Pronuncio sanidad divina y regresión de toda enfermedad arterial coronaria y toda enfermedad vascular cerebral. Las arterias de mi corazón, mi cerebro y principales órganos son ahora limpias de placa y colesterol; soy libre del riesgo de derrame cerebral, endurecimiento de las arterias, ceguera, hipertensión, fallo renal, ataque al corazón, angina de pecho y dolor de pecho crónico. Declaro victoria sobrenatural sobre las infecciones crónicas, sanidad de meningitis, osteomielitis, inflamación pélvica, miositis y toda forma de endocarditis.

Según Isaías 45:17, ningún arma formada contra mí prosperará. Decreto y declaro victoria sobre todo trastorno autoinmune y hablo sanidad a toda forma de lupus, artritis reumatoide, tiroiditis, conjuntivitis, rinitis alérgica, enfermedad de Crohn y colitis ulcerosa, diverticulitis, gota, enfermedad de Lyme y celulitis crónica, miocarditis, uveítis y neuritis óptica.

Sobrepongo la ley del Espíritu de vida en Cristo Jesús a la ley del pecado y de la muerte, y decreto y declaro que soy sanado de cáncer y tumores terminales, de SIDA, de ataques, de derrames cerebrales, de la enfermedad de Parkinson, de esclerosis múltiple, de esclerosis lateral, de enfisema y de trastorno de células falciformes. Según el Salmo 118:17, no moriré sino viviré para declarar tus obras.

Al apoyarme únicamente en ti, Señor, según 3 Juan 2, declaro que sobre todas las cosas soy próspero y sano y, por tanto, pronuncio sanidad divina sobre mi sistema cardiovascular, mi sistema neurológico, mi sistema pulmonar, mi sistema gastrointestinal, mi sistema

endocrino, mi sistema muscular y óseo, mi sistema der-
matológico, mi sistema psicológico, mi sistema inmune,
mi sistema reproductor, mi sistema renal, y mi sistema
hematológico.

Según Lucas 13:11 y el Salmo 138:8, decreto y declaro
que soy liberado de toda enfermedad, incluyendo artritis
reumatoide deforme, osteoartritis degenerativa, osteopo-
rosis, compresión de columna, fracturas, discos despla-
zados o herniados, y dolor crónico de cuello y espalda, y
que soy libre para moverme con libertad a fin de cumplir
el propósito original de Dios para mi vida.

Tú me has dado dominio y poder sobre el enemigo, y
nada, por ningún medio, me hará daño. Por tanto, según
Génesis 1:28 y Lucas 10:19, pronuncio liberación divina
de toda adicción a nicotina, alcohol, cocaína, heroína,
alucinógenos, y cualquier otra forma de adicciones a
drogas. Pronuncio sanidad de fatiga crónica, depresión
crónica, dolor crónico, comida excesiva, bebida excesiva
y actividad sexual inapropiada.

Padre, en el nombre de Jesús, decreto y declaro:

Que mi hombre espiritual está vestido de la armadura
del Señor y de la armadura de la luz.

Que tu Reino es mi prioridad y tu misión es mi placer.
Que venga tu Reino y se haga tu voluntad en la tierra
como en el cielo.

Funciono y conduzco los asuntos de mi vida según tu
plan original y tu propósito para mí.

Camino en tu tiempo.

Tú eres el Dios único y verdadero, que hace que todo funcione en conjunción y que hace que todo obre para bien por medio de tus armonías más excelentes. Haz que mi voluntad obre en perfecta armonía con la tuya.

El mal no se acercará a mi morada, ya que moro en el lugar secreto del Dios Altísimo y bajo la sombra del Todopoderoso.

Hago que cesen las actividades demoníacas y que cambian el destino. Me agarro a los confines de la tierra y sacudo el mal sacándolo de su lugar.

Rompo los patrones de pensamiento malos e inapropiados en mi mente.

Hablo paz a mi vida, mis relaciones, mi ministerio, mi lugar de trabajo y mi negocio.

Todo lo que está mal alineado, ordeno que se ponga en alineación divina.

Tengo la mente de Cristo y, por tanto, busco las cosas de arriba y no las de abajo.

Asciendo a nuevas esferas de poder y autoridad, y accedo a nuevas dimensiones de revelación divina.

No me apartaré ni miraré atrás a viejos caminos, viejas metodologías, o viejas estrategias a menos que tú me dirijas a hacerlo.

Llevo puesto el casco de la salvación para proteger mi mente de pensamientos negativos que desviarían tus propósitos y planes para mí.

La verdad protege mi integridad, la justicia protege mi reputación, el evangelio de la paz guía cada uno de mis pasos, el escudo de la fe asegura mi futuro y mi destino, y la espada del Espíritu me otorga dominio y autoridad.

Decreto y declaro una puesta al día profética de mis pensamientos. Cancelo la influencia de procesos de pensamiento y patrones negativos y autodestructivos y los pongo bajo mis pies.

Poseo un paradigma del Reino, el cual me da nuevas maneras de pensar, nuevas maneras de trabajar, y nuevas maneras de vivir.

Nuevos ciclos de victoria, éxito y prosperidad sustituirán a viejos ciclos de fracaso, pobreza y muerte en mi vida.

Ahora tengo una mentalidad de Reino nueva, renovada y vanguardista.

En tu Palabra, como pionero del Reino, abro nuevo territorio.

Todo lo que pertenece a mi vida y a la bondad, y todo lo que está preparado para mí desde antes de la fundación del mundo debe ser desatado en su momento y periodo correctos. Ordeno a todo que sea desatado en el nombre de Jesús.

Declaro que no habrá sustitutos, demoras, reveses ni retrasos.

Ya que tu Palabra es lámpara a mis pies y luz a mi camino, no tropezaré ni caeré.

Estoy emocionado; mi espíritu está encendido; camino en favor con Dios y con los hombres.

Soy un individuo orientado al éxito y todo lo que toco se convierte en "oro profético".

Soy un exitoso dueño de negocios, un empresario que da buenos empleos a otros.

Hoy soy bendecido, no hay carencia, todas mis necesidades son satisfechas, no tengo deudas y tengo más que suficiente para dar por encima de todas mis necesidades.

Todas las puertas financieras son abiertas y todos los canales financieros están libres. Una abundancia ilimitada viene a mí.

Suficiente es tu provisión para este día.

Soy sanado y lleno del Espíritu; la enfermedad está lejos de mí.

Tengo solvencia y vivo en prosperidad.

Confieso que solamente progreso; no experimento reveses y vivo una vida llena de éxito.

Persistiré hasta que tenga éxito.

Camino en dominio y autoridad. Mi vida está caracterizada por la libertad.

No hay pereza en mi mano. Donde pise, Dios me da la tierra.

Las bendiciones del Señor me hacen rico y diariamente estoy cargado de beneficios.

Estoy viviendo mis días más bendecidos y mejores ahora.

Soy coronado con el amor y la misericordia de Dios. Él me satisface con todo lo bueno.

Mi hogar es un refugio de paz.

Hago mi trabajo como para el Señor con diligencia y en el espíritu de excelencia.

Mi casa, mi negocio, mis departamentos y mis ministerios funcionan con suavidad y eficiencia.

El Señor me da sabiduría, conocimiento y entendimiento en cuanto a cómo hacer mi trabajo de modo más efectivo, profesional y preciso.

El Señor me da a todas las personas correctas con las que trabajar y que trabajen para mí. Juntos trabajamos como para el Señor.

Vendrán a mí relaciones que están asignadas para mejorar mi vida y mi ministerio en este periodo.

Llamo a todo individuo y recurso asignados para ayudarme en el cumplimiento de mi misión del Reino durante este periodo.

Atraigo sólo las cosas, pensamientos, personas y recursos adecuados para ceñir y facilitar el plan original de Dios y su propósito para mi vida.

Soy favorecido por todo aquel que me conoce, tiene un encuentro conmigo, trabaja conmigo, y tiene cualquier tipo de relación formal o informal conmigo.

Trabajaré contigo como mi colaborador. Trabajo según tus planes diarios y rindo para una audiencia de una sola persona: el Señor Jesucristo.

Mi trabajo es mi adoración.

Tú me estás enseñando a mejorar mi productividad, así como a trabajar de modo más inteligente y eficiente.

Siempre funciono con una actitud sobresaliente y produzco un trabajo superior.

Tú me capacitas para hacer depósitos positivos e importantes en las vidas de otras personas.

Busco oportunidades y ocasiones divinas para ayudar a otros a tener éxito.

Maximizo mi potencial y avanzo con valentía hacia mi destino.

Soy un individuo con propósito, con principios del Reino, orientado al éxito y me niego a ser distraído por cosas y personas insignificantes.

Que se me ofrezca favor, buenos deseos, cortesías, bondad y apoyo por parte de todos aquellos que sean asignados a mí, me conozcan y tengan relación conmigo.

No pospongo las cosas. Actúo ahora, sin duda, ansiedad o temor.

Sobresalgo en todas las cosas, en todo momento, con todas las personas, bajo toda circunstancia.

No juzgaré nada ni a nadie prematuramente. Celebro tu creatividad en la diversidad de etnias, nacionalidades y seres humanos.

Soy fructífero.

Tengo el poder de obtener riquezas.

Dondequiera que vaya, sistemas, instituciones, culturas, ambientes, legislación, códigos, ordenanzas, regulaciones y políticas se ajustan para acomodarse a mi propósito divino.

Soy adaptable y flexible y hago ajustes necesarios.

Estoy en el lugar perfecto para que tú me bendigas.

Mis relaciones son fructíferas y mutuamente beneficiosas.

Soy celebrado y amado por todos aquellos que entran en contacto conmigo.

Todo en cuanto a mí está cambiando para bien.

Estoy sano y en buen estado físico.

Las enfermedades están lejos de mí.

Mi mente es fuerte y resoluta.

Mis emociones son sanas y estables.

Mi fe es firme y resuelta.

Mi celo del Señor llena mi alma y mi espíritu.

Que no haya usurpación demoníaca. Que no haya ocupas satánicos; en el nombre de Jesús, salgan de mi propiedad, salgan de mi territorio, salgan de mi esfera de influencia, salgan de mi familia, salgan de mis relaciones, salgan de mis finanzas, salgan de mi cuerpo, y salgan de mi mente.

Ordeno a las montañas que se quiten y sean echadas al mar.

Estoy obteniendo nuevos territorios: nuevo territorio emocional, nuevo territorio intelectual, nuevo territorio empresarial, nuevo territorio espiritual, nuevo territorio ministerial, y nuevo territorio económico.

Padre, espero ver tu producto terminado. Espero el día en que yo sea transformado a la imagen de tu amado Hijo. El deseo más profundo de mi corazón es ser semejante a Él.

"Esto ha venido a confirmarnos la palabra de los profetas, a la cual ustedes hacen bien en prestar atención, como a una lámpara que brilla en un lugar oscuro, hasta que despunte el día y salga el lucero de la mañana en sus corazones" (2 Pedro 1:19).

Sello estas declaraciones en el nombre de Jesús, mi Señor y Salvador. Al que puede hacer muchísimo más que todo lo que pueda imaginar o pedir, por el poder que obra eficazmente en mí; a Aquel que es poderoso para guardarme sin caída, de presentarme sin mancha delante de la presencia de su gloria con gran alegría y sostener mi cuerpo, alma y espíritu. Al Dios todopoderoso, mi Padre celestial, el Rey eterno, inmortal, invisible —el único y sabio Dios—, sean el honor y la gloria por siempre. [Pasa unos momentos en alabanza y acción de gracias sabiendo que Dios ha oído y responderá]. ¡Aleluya! Te alabo, Dios. ¡Amén!

**"Esto ha venido a confirmarnos la palabra de los profetas, a la cual ustedes hacen bien en prestar atención, como a una lámpara que brilla en un lugar oscuro, hasta que despunte el día y salga el lucero de la mañana en sus corazones"
(2 Pedro 1:19).**

CONCLUSIÓN

LA ESENCIA DE UN NUEVO DÍA

Este es el comienzo de un nuevo día.
Se te ha dado este día para utilizarlo como
quieras.
Puedes desperdiciarlo o utilizarlo para bien.
Lo que hagas hoy es importante
Porque estás intercambiando un día de tu vida
por ello.
Cuando llegue el día de mañana, este día se
habrá ido para siempre.
En su lugar está algo que tú has dejado atrás...
Que sea algo bueno.

—Autor anónimo

NOTAS

Introducción
1. Quoteopia.com, "Karen Ravn Quotes", http://www.quoteopia.com.

Capítulo Uno: El secreto al descubierto
1. University of Massachusetts–Amherst, "United States Story Cycles: Charles W. Chesnutt," www.people.umass.edu.
2. Wikipedia.org, s.v. "Dave Thomas (American businessman)", http://en.wikipedia.org.

Capítulo Dos: Ocúpate de tus asuntos
1. Wikiquote.org, "Marco Aurelio: *The Meditations*, 4.3", http://en.wikiquote.org.
2. James Allen, *As a Man Thinketh* (Cosimo, Inc., 2005).
3. Cybernation.com, "Johann Gottfried Von Herder: Inspiration", http://www.cybernation.com.
4. "Entrevista a Quincy Jones: Music Impresario: the Quintessential Artist", entrevistado por Academy of Achievement, 3 de junio de 1995, en Williamsburg, VA, y el 28 de octubre de 2000 en Londres, Inglaterra, www.achievement.org.
5. Lana K. Wilson-Combs, "Quincy Jones: His Honors Abound", *The Examiner*, subido a www.examiner.com el 25 de enero de 2007.
6. Encarta.MSN.com, s.v. "George Washington Carver", www.encarta.msn.com.
7. "What Life Means to Einstein: An Interview by George Sylvester Viereck", *The Saturday Evening Post*, 26 de octubre de 1929, como se cita en Encarta.MSN.com, "Quotations From Encarta: Imagination", www.encarta.msn.com.
8. NobelPrize.org, "The Nobel Prize in Physics 1921", www.nobelprize.org.
9. JustDisney.com, "Walt Disney, Biography", www.justdisney.com.
10. Allen, *As a Man Thinketh*, p. 49.
11. Dell.com, "Michael S. Dell: Chairman of the Board and Chief Executive Officer", www.dell.com.
12. QuotesandPoems.com, "Hope and Dreams", www.quotesandpoem.com.
13. Wikipedia.org, s.v. "Coca-Cola", www.en.wikipedia.org.
14. Wikipedia.org, s.v. "Bill Gates", www.en.wikipedia.org.
15. Chicken Soup for the Mind, Heart and Soul, www.munic.state.ct.us.
16. Bartleby.com, *Respectfully Quoted: A Dictionary of Quotations* (1989), s.v. "Daniel Hudson Burnham", no.1360, www.bartleby.com.

Capítulo Tres: El poder creativo de las palabras habladas
1. "Quotes by Author: Theodore White", www.quotesandpoem.com.

Capítulo Cuatro: ¿Qué has puesto en la atmósfera?
1. "Joel Osteen Quotes", www.brainyquote.com.

Capítulo Cinco: Tú puedes cambiar el curso de tu destino
1. Allen, *As a Man Thinketh*, p. 12.
2. Jennifer Kennedy Dean, *Live a Praying Life* (New Hope Publishers, 2006), p. 59.
3. Como se cita en Germaine Copeland, "Too Busy to Pray", marzo de 2003, Prayers.org, www.prayers.org.

Capítulo Seis: La importancia de ordenarle a tu día
1. Benjamin Franklin, *Poor Richard's Almanack*, Modern Library Paperback edition (Random House, 2000).
2. Ibíd.

Capítulo Siete: Cómo convertirte en un éxito repentino
1. www.quotesandpoem.com, "Quotes by Author: William James".

Capítulo Ocho: Cómo ordenarle a tu mañana
1. Walt Whitman, "Leaves of Grass", Libro XI, como se cita en www.knowledgerush.com.

PRESENTAN:

Para vivir la Palabra

w w w . c a s a c r e a c i o n . c o m

CINDY TRIMM

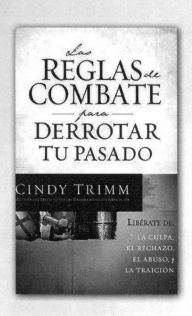

CINDY TRIMM

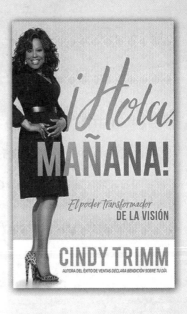

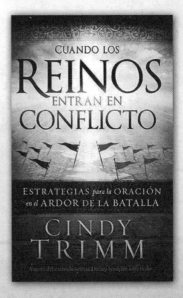

CASA CREACIÓN

Te invitamos a que visites nuestra página
web donde podrás apreciar la pasión por
la publicación de libros y Biblias:

www.casacreacion.com

f @CASACREACION

@CASACREACION

@CASACREACION

Para vivir la Palabra